HEYNE <

DIE AUTORIN

Elisabeth Constantine, gebürtige Österreicherin, beschäftigt sich bereits seit ihrer Jugend mit spirituellen und esoterischen Themen und studierte auf zahlreichen Reisen unterschiedliche esoterische Traditionen. Ihre spirituelle Heimat fand sie in England, wo sie seit fast zwanzig Jahren als Heilerin, Spirituelle Lehrerin, Therapeutin, Reiki-Meisterin, Channel und Lichttrainerin tätig ist. Elisabeth Constantine ist erfolgreiche Autorin und international erfahrene Seminarleiterin.

ELISABETH CONSTANTINE

Kristallheilung mit den Erzengeln

Praxisbuch zur Selbstheilung
von Körper, Geist und Seele

WILHELM HEYNE VERLAG
MÜNCHEN

FSC
Mix
Produktgruppe aus vorbildlich bewirtschafteten Wäldern und anderen kontrollierten Herkünften

Zert.-Nr. SGS-COC-1940
www.fsc.org
© 1996 Forest Stewardship Council

Verlagsgruppe Random House FSC-DEU-0100
Das für dieses Buch verwendete
FSC-zertifizierte Papier *München Super*
liefert Mochenwangen.

Originalausgabe 10/2007

Printed in Germany 2007
Umschlaggestaltung: HildenDesign, München
Umschlagmotiv: © Annie b.
Fotos im Farbteil: © Elisabeth Constantine
Herstellung: Udo Brenner
Gesetzt aus der 10/12,4 Punkt Scala
bei C. Schaber Datentechnik, Wels
Druck und Bindung: GGP Media GmbH, Pößneck

ISBN 978-3-453-70074-1

http://www.heyne.de

»Liebe heilt alle Krankheiten.
Sie ist die einzige positive Kraft,
Ursache und Ziel der Schöpfung.«

Dschalal ad-Din Rumi

Ich widme dieses Buch allen Lichtarbeitern und Erdenengeln, die ihre Energien unermüdlich und freizügig für das Wohl ihrer Mitschwestern und Mitbrüder einsetzen.

Eine spezielle Widmung geht geradewegs in den Himmel, denn dort residieren mein Großvater Franz Ladein und mein spezieller Schutzengel, meine Großmutter, Christine Ladein, Karl und Maria Grasel, meine geliebte Tante Rosa Wallner, die mir, obwohl erblindet, direkt ins Herz schauen konnte, sowie meine Tante Christl Ladein, die ich nie kennenlernen durfte, welche aber meinem Herzen sehr nahe ist. Ich liebe euch und danke euch von Herzen für all die Liebe, die ihr mir während eures irdischen Daseins geschenkt habt und die ihr mir vom Reich des Lichts aus auch weiterhin beschert.

Inhalt

Einleitung 9

ERSTER TEIL

Das Reich der Engel

Kleine Engelkunde 17
Einstimmung auf das Reich der Engel 34
Die Kommunikation mit den Erzengeln 51
Die Erzengel und das Chakrasystem 58
Die zwölf göttlichen Strahlen 67

ZWEITER TEIL

Das Reich der Kristalle

Die Heilkraft der Kristalle 77
Kleine Heilkristallkunde 81
Farbe, Form und Energie 88
Kristalle – von Menschenhand geformt 92
Die richtige Auswahl 95
Reinigung der Kristalle 98
Pflege und Aufbewahrung 102
Heilkristalle, Farben und Chakren 108

DRITTER TEIL

Die Erzengel und ihre Kristalle

Warum Kristallheilungen mit Erzengeln funktionieren 115

Die Integration der Kräfte von Kristallen und Erzengeln 118
Die goldenen Schlüssel zum Tor der Selbstheilung 121

VIERTER TEIL

Kristallheilung mit den Erzengeln

Praktische Vorbereitung 127
Kristallheilung mit Erzengel Uriel 132
Kristallheilung mit Erzengel Gabriel 141
Kristallheilung mit Erzengel Jophiel 152
Kristallheilung mit den Erzengeln Raphael und Chamuel 162
Kristallheilung mit Erzengel Michael 173
Kristallheilung mit Erzengel Raziel 183
Kristallheilung mit den Erzengeln Zadkiel und Metatron 193

Zur Ermutigung 204

Dank 206

Literatur 207

Über die Autorin 208

Einleitung

Meine Segenswünsche an euch alle, liebe Leser und Leserinnen

Schon als Kind sammelte ich mit Feuereifer Steine. Und ich kann mich noch genau erinnern, wie meiner Mutter, ich war damals ungefähr fünf, diese Leidenschaft zu viel wurde. »Wirf diesen schmutzigen Stein weg!«, befahl sie mir. »Aber er hat doch auch ein Herz«, protestierte ich. Dieses Argument konnte meine Mutter nicht entkräften. Also sammelte ich weiter. Auf allen unseren zahlreichen Familienwanderungen in den Alpen füllte ich meinen kleinen Rucksack bis zum Rand. Bald besaß ich eine kunterbunte Steinsammlung.

Im Laufe der Jahre ist meine Liebe zum Reich der Kristalle nur noch größer geworden (der Rucksack auch). Heute kann ich mir ein Leben ohne all die brillanten Farben und Formen gar nicht mehr vorstellen.

Der immensen Heilkraft von Kristallen wurde ich mir jedoch erst sehr viele Jahre danach bewusst, als ich bereits spirituell heilend tätig war und intuitiv zu ihnen fand. Später hatte ich dann das Privileg, von David Cousins, meinen damaligen spirituellen Mentor, in Kristallheilung unterrichtet zu werden – und da entdeckte ich dann erst die ganze Vielfalt der Wunder im Reich der Kristalle.

Das Reich der Engel offenbarte sich mir in der Kirche des Heiligen Franziskus in Old Goa, als mich Gott mit dem himmlischen Geschenk der Erscheinung eines enorm großen Engels beglückte. Seither bin ich bewusst mit den Engeln und Erzengeln verbunden.

In diesem Buch nun fließen diese beiden »Erfahrungsstränge« zusammen. In meiner immerhin schon annähernd zwanzig Jahre währenden therapeutischen Arbeit mit beiden Reichen konnte ich wunderbare Erfahrungen sammeln, die ich in Seminaren und Workshops weiterzugeben versuche. Daher ist es mir eine große Freude, dass sich der »Heilkreis« durch diese Veröffentlichung jetzt erweitert und dass auch du, lieber Leser, liebe Leserin, der himmlischen Energien von Erzengeln und Kristallen teilhaftig wirst.

Ich habe dieses Buch aus und in Liebe geschrieben, inspiriert von den strahlenden Energien Thots (auch bekannt als Hermes Trismegistos). Wir begeben uns darin auf eine Reise durch beide Reiche, dem der Engel und dem der Kristalle. Aus den ersten Kapiteln, so hoffe ich, beziehst du genügend Grundwissen, um dich in die Materie einfühlen zu können. Ihr Ziel erreicht unsere Reise dann im Praxisteil des Buches, wenn wir uns in die gechannelten Heilmeditationen mit Erzengeln und Kristallen vertiefen.

Dieses Buch ist Ausdruck einer praktischen Spiritualität, die das ganze Leben auf allen Ebenen des Seins umfasst. Es hat ein Motto, das sich wie ein roter Faden durch alle Kapitel zieht: Wir sind alle EINS, und nur die Kraft der bedingungslosen Liebe heilt die Welt. Folge diesem roten Faden, vergiss dabei aber nie, auf deine Intuition zu hören. Wie bei allen spirituellen Lehren oder Geisteshaltungen sind gewisse Zuordnungen eine Frage der Auslegung und der eigenen geistigen Führung. Ich treffe in diesem Buch einige Zuordnungen, die meiner persönlichen spirituellen und Berufserfahrung entsprechen, und lasse viele andere weg. Das heißt nicht, dass diese nicht auch wertvoll wären. Aber im Grunde gibt es ohnehin nur eine – universelle – Wahrheit. Wenn wir sie entdeckt haben, spüren wir es ganz tief in unserer Seele. Wo Licht ist, da ist auch Liebe. Und wo bedingungslose Liebe herrscht, regiert die Wahrheit.

Ich danke dir, lieber Leser, liebe Leserin, denn ohne euer Interesse wäre mir das Vergnügen, dieses Buch zu schreiben, nicht zuteil geworden. Ich ehre das Licht in jedem Einzelnen von euch.

Mit vielen heiteren Segenswünschen
eure Seelenschwester und Mitreisende im Licht

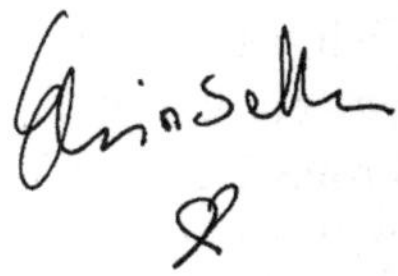

ERSTER TEIL

Das Reich der Engel

Etymologisch geht das Wort »Engel« auf das griechische *angelos* zurück und bedeutet »Bote«. Und tatsächlich: Als Boten des Lichts und der Liebe wurden die Engel vom göttlichen Prinzip, der Quelle des Seins, dazu berufen, auf dieser Welt Heilung, Trost, Stärke und Schutz zu verbreiten. Engel sind ätherische Lichtwesen, die eine höhere Schwingungsrate haben als wir Menschen. Dies ist auch der Grund, warum wir sie mit unseren physischen Sinnesorganen nur sehr selten wahrnehmen können. In der Stunde der Not allerdings senken sie die Schwingungsfrequenz ihrer Energie, damit wir sie sehen können. Und auch wir Menschen können einiges tun, um uns bewusst mit dem Reich der Engel zu verbinden. Voraussetzung dafür ist, dass wir uns bemühen, unsere Schwingungsrate durch Entspannungs- oder spirituelle Übungen zu erhöhen.

Den Engeln stehen unermessliche Heilkräfte zur Verfügung. Sie helfen uns allerdings nur, wenn wir sie ausdrücklich dazu einladen. Denn so sieht es das kosmische Gesetz der Willensfreiheit vor, das keine ungebetene Einmischung in unser Karma zulässt. Doch kein Hilferuf, das wir an das Reich der Engel richten, verhallt ungehört. Auch wenn wir es nicht immer sofort wahrnehmen, weil die Heilung oft auf einer anderen, subtileren Ebene geschieht, als wir es erwarten: Jedes Gebet wird beantwortet.

Mit ihren grenzenlosen himmlischen Energien heilen die Engel unseren Geist, unsere Seele, unseren Körper und unsere Emotionen. Sie helfen uns bei der Loslösung von alten Emotionen und negativen Denkmustern. Sie inspirieren uns mit den Kräften des Lichts und der bedingungslosen Liebe, kümmern sich liebevoll und aufopfernd sowohl um unser Seelenheil als auch um unser körperliches Wohlbefinden.

Die Engel fordern uns auf, sie als himmlische Helfer in unser Alltagsleben einzuladen. Für sie, unsere von Gott gesandten Heiler und Beschützer, ist keine Aufgabe zu groß oder zu klein. Ihre heilige Rolle besteht im Dienst an der Menschheit und nichts freut die Engel mehr, als diese Rolle auch ausfüllen zu dürfen. Je öfter wir ihre Heilkraft in unser Leben bitten, desto höher kommen wir auf der spirituellen Leiter der Evolution des Kosmos. Je mehr Liebe wir empfangen, desto mehr Liebe können wir an unsere Mitschwestern, Mitbrüder und den Rest der Schöpfung weitergeben.

Kleine Engelkunde

Engel sind Wesen mit einem feinstofflichen Körper; sie haben eine Seele und machen eine erheblich andere spirituelle Evolution durch als wir Menschen. Während wir aus dem Tierreich abstammen und als nächste Stufe der Evolution die der Aufgestiegenen Meister über uns haben, entwickeln sich Engel über das Reich der Devas (dazu gleich mehr) aus dem Reich der Elementarwesen.

Darunter haben wir uns feinstoffliche Wesen vorzustellen, die jeweils nur aus einem einzigen Element bestehen (im Unterschied zum Menschen, dessen Körper sich aus allen vier Elementen zusammensetzt). Jedem dieser Elemente ist ein Elementarwesen zugeordnet. Mitunter können wir sie als aufleuchtende Lichter oder Farben, aber auch als unterschiedliche Formen wahrnehmen.

Hier die Elementarwesen mit dem ihnen jeweils zugeordneten Element:

- Wassernymphen und Meerjungfrauen – Element Wasser
- Salamander – Element Feuer
- Sylphen (Luftgeister) – Element Luft
- Gnome – Element Erde

Innerhalb dieses Evolutionsstranges stehen auf der nächsten Stufe die Devas. (Dieses Wort stammt aus dem Sanskrit und bedeutet »Gott«.) Dabei handelt es sich um größere Wesenheiten, deren Element der Äther ist. Die Devas sind für die ätherischen, gottgegebenen Formen im Reich der Pflanzen, in dem der Tiere und im Reich der Mineralien verantwortlich, deren Entwicklung sie schützen und fördern. Auch das Reich der Devas selbst ist in sich hierarchisch geordnet. So obliegen beispielsweise die Geschicke der Meere, Flüsse, Seen, aber auch der Gebirge, Länder und Kontinente den höheren, mächtigeren Devas.

Die dritte und höchste Stufe dieser Evolutionskette wird von Engeln gebildet. Weit oben stehen die Erzengel, auf die wir uns in diesem Buch konzentrieren möchten. Daher hier nur in Kürze die wichtigsten Informationen.

Erzengel Michael

Heiliger Name: Der Name Michael (im Hebräischen Mika'il, im Arabischen Mikall) bedeutet »Einer, der wie Gott ist«, beziehungsweise »Stellvertreter Gottes«.

Geschichtlicher Hintergrund: Im Christentum gilt Erzengel Michael, der sowohl im Alten als auch im Neuen Testament erwähnt wird, als Bezwinger Satans und Anführer der himmlischen Heerscharen. Auf Anweisung Gottes begleitet er Adam in den »dritten Himmel«.

Im Judentum ist Erzengel Michael zusammen mit Erzengel Gabriel Beschützer des Volkes Israel. Er führt die himmlischen Bücher und vollstreckt Urteile. Im Koran steht er in der Hierarchie unter Jibrail (Gabriel) und gehört zu den drei Engeln, die Abraham heimsuchten.

Göttliche Eigenschaften: Erzengel des Schutzes und der Wahrheit, des göttlichen Willens und der Allmacht Gottes.

Gabe an die Menschheit: Beschützer unseres Bewusstseins, des Seins und der ganzen Welt. Erzengel Michael schenkt auf allen Ebenen Reinigung.

Lasst euch umarmen, Erdenkinder, denn in Wahrheit seid ihr Kinder des Lichts. Doch auf euren langen, mitunter beschwerlichen Erdenreisen habt ihr eure göttlichen Wurzeln, euren göttlichen Ursprung vergessen. Ich aber stehe euch zu Diensten. Vom göttlichen Prinzip bin ich befugt, euch in die Herrlichkeit eures eigenen heiligen Selbst zurückzugeleiten.

Denn Liebe und Wahrheit sind unzertrennlich EINS! Ohne Wahrheit kann die Liebe nicht in euer Herz, euren Geist, eure Seele oder euren Körper eindringen. Wenn ihr mich nur darum bittet, helfe ich euch, liebe Erdenkinder, mit meinem blauen Lichtschwert der bedingungslosen Liebe und göttlichen Wahrheit, euch von diesen Ängsten zu befreien, euch von allem, was nicht Liebe ist, zu befreien. Wenn ihr dann derart entlastet seid, kann das herrliche Licht Gottes, das Licht der bedingungslosen, reinen, klaren, von allen irdischen Geschehnissen freien Liebe ungehindert in euer Herz, die Residenz der Seele, Einzug halten. Sobald ihr mit meiner Hilfe den Mut aufbringt, das Alte loszulassen, kann das Neue, Schöne in euer Leben eintreten.

Die zweite Aufgabe, für die ich vom göttlichen Prinzip auserkoren wurde, ist die eures Beschützers. Ich bin hier, um euch, und das ist das Allerwichtigste, vor eurem eigenen niederen Ego-Selbst zu bewahren und euch dabei zu helfen, es zu transformieren. Ihr, liebe Erdenbürger, fühlt euch oft von euren Brüdern und Schwestern angegriffen. Dabei vergesst ihr aber, dass der Kosmos und alles, was sich in diesem Universum bewegt, als Spiegel eures Selbst, eurer Taten und Gedanken dient. Durch Menschen und Situationen spiegelt euch das göttliche Universum alles, was in eurem Bewusstsein, aber auch in eurem Unbewussten vorgeht. Solange ihr euch selbst nicht liebt und bedingungslos akzeptiert, solange ihr euch selbst verurteilt, verachtet und innerlich bekriegt, so lange wird euch das göttliche Universum perfekte Ebenbilder dieser gedanklich und emotional zerstörerischen Verhaltensmuster senden. Genau das, was ihr an euren irdischen Geschwistern kritisiert oder verurteilt, muss in eurem eigenen Selbst geheilt werden.

In dem Moment, in dem ihr diese innere Verwandlung vollbracht habt, wird sich, den kosmischen Gesetzen entsprechend, die in dieser göttlichen Schöpfung gelten, auch die äußere Welt entsprechend verwandeln. Daher bitte ich euch, mir zu folgen und zu vertrauen.

Ich hoffe und sehne mich danach, dass ihr mir die alten, ausgedienten, ungeliebten Eigenschaften eures menschlichen Charakters übergebt, damit ich sie mit meinem Schwert des Lichts und der Liebe für immer und ewig zerschlagen kann.

Sagt bewusst JA zum göttlichen Prinzip, zur Herrlichkeit Gottes, denn ein Funke davon wohnt auch in eurem Inneren, in eurem heiligen höheren Selbst. Ihr seid die Träger und Überbringer des heiligen Lichts, der göttlichen Essenz auf Erden. Werdet euch dieser wunderbaren Rolle bewusst, gestattet euch, diese Herrlichkeit zu feiern. Lasst euer Herz jubilieren, denn es quillt schier über vor strahlendem Licht und göttlicher Liebe.

Erzengel Jophiel

Heiliger Name: Jophiel leitet sich aus dem Hebräischen ab und bedeutet »Schönheit Gottes«.

Geschichtlicher Hintergrund: Im Judentum hält man Erzengel Jophiel für einen Gefährten Metatrons und Prinz des Himmels. In der christlichen Tradition heißt es mitunter, Erzengel Jophiel habe im Paradies den Baum des Lebens bewacht.

Göttliche Eigenschaften: Erzengel Jophiel gehört zu den Engeln der Erleuchtung und der göttlichen Weisheit.

GABE AN DIE MENSCHHEIT: Erzengel Jophiel ist ein universeller Lehrer, der uns unter anderem lehrt, das Licht im eigenen Selbst zu entdecken und zu nähren.

WORTE DER LIEBE UND DES LICHTS

Meine lieben Erdenkinder, als Abgesandter Gottes bin ich dafür da, euren irdischen Geist mit göttlichen Eingebungen zu erfüllen und euch zu helfen, sie in allen Lebenslagen zu verwirklichen.

Das heilige Wissen und die himmlischen Mächte stehen euch auf immer und ewig voll und ganz zur Verfügung. Ihr müsst nur lernen, und ich werde euch dabei unterstützen, auf die Inspirationen eures heiligen höheren Selbst zu hören und nicht mehr auf die alten, destruktiven Wünsche und Neigungen des niederen Ego-Selbst.

Folgt dem Ruf eurer Seele, folgt eurem Herzen, der Energie des göttlichen Funkens, des heiligen Lichts, das mit euch kommunizieren will. Hört auf eure Gefühle, beobachtet eure Gedanken, achtet auf euren Körper, den Tempel der Seele, denn sie alle weisen euch den Weg zur inneren Wahrheit, eurem heiligen Selbst.

In allem, was euch, liebe Erdenkinder, auf Gottes Erde widerfährt, sei es auf der geistig-mentalen, der emotionalen oder der physischen Ebene, und mag es noch so schmerzhaft sein, verbirgt sich ein Geschenk Gottes. Dieses Geschenk ist immer eine Gabe der Heilung und Erleuchtung, Ausdruck der bedingungslosen Liebe des Schöpfers für seine Geschöpfe. Wenn ihr, liebe Erdenbürger, diese Geschenke in Demut annehmt, auch wenn sie schmerzhaft sind oder euch im ersten Moment unsinnig erscheinen mögen, dann werden sie zu einem Schlüssel für eure Heilung.

Verschließt die Augen nicht vor der momentanen Realität des Ego-Selbst, das Genesung sucht. Verleugnet es nicht, denn eine Heilung des niederen Selbst kann nur erfolgen, wenn ihr euch, liebe Erdenbürger, bewusst seid, welcher Aspekt des Seins Heilung benötigt.

Betet um Geduld, Inspiration und Einsicht auf diesem eurem Heilungswege, denn im Zuge der Ereignisse werdet ihr Gottes heiligen Plan nie vollständig erkennen können. Doch lasst euch gesagt sein: Gott, das Reich der Engel und der Lichtwesen, das ganze Universum stehen immer an eurer Seite und arbeiten unermüdlich an der Förderung eures göttlichen Potenzials. Lasst es zu, nehmt Hilfe an, um eure Gedanken, Worte und Werke mit dem göttlichen Plan in Einklang zu bringen. Gestattet euch, zu einem Lichtkanal für die Kraft und Weisheit Gottes zu werden. Erlaubt euch, euer höchstes Lichtpotenzial zu erreichen und den Plan Gottes auf Erden guten Gewissens, mit Begeisterung und viel reiner, bedingungsloser Liebe zu verwirklichen.

Folgt eurer inneren Sicht, folgt dem Ruf des Herzens, folgt dem, was euch beglückt. Wenn die Seele singt, wenn sie jubiliert und das Herz wirklich höher schlägt, dann seid ihr, liebe Erdenbürger, auf dem besten Weg, den Plan Gottes auszuführen. Denn die Manifestation des göttlichen Plans kann nur mit Licht, Liebe, Freude und Humor erfolgen.

Ich bin immer an eurer Seite, um euch die Liebe und Schönheit Gottes und der ganzen Schöpfung zu offenbaren und euch die Erkenntnis zu ermöglichen, dass sie als heiliges Potenzial ganz tief in eurem Selbst schon angelegt ist.

Erzengel Chamuel

Heiliger Name: Chamuel (lateinisch: Camael) bedeutet »Er, der Gott sieht«.

Geschichtlicher Hintergrund: Erzengel Chamuel ist als Engel der reinen Liebe bekannt. Zusammen mit den Sera-

phim wird er im Christentum als Vollstrecker des Gottesurteils angesehen.
Göttliche Eigenschaften: Erzengel der reinen Liebe, der Perfektion Gottes. Hütet den Schlüssel zur bedingungslosen Selbstliebe.
Gabe an die Menschheit: Erzengel Chamuel vermittelt uns die göttliche Kraft der reinen, bedingungslosen Liebe, des Mitgefühls, der Gnade und der Vergebung.

WORTE DER LIEBE UND DES LICHTS

Die Liebe, meine mir so teuren Erdenkinder, ist das Elixier des Lebens. Die Bausteine der göttlichen Schöpfung bestehen aus reiner Liebe. Sterne, Planeten, der ganze Kosmos ist von der himmlischen Macht der Liebe durchdrungen, die alles verbindet und zusammenhält. Keine andere Kraft vermag so viel Heilung, Vergebung und Trost zu spenden wie die Liebe. Die Liebe ist auch die Energie, die euch, ihr Erdenkinder, beflügelt, euer menschliches Selbst zu verbessern und weiterzuentwickeln. Sie inspiriert euch, die euch von Gott geschenkten Gaben und Talente zu perfektionieren und als Mitschöpfer Gottes euer Paradies auf Erden zu manifestieren, ein Paradies, das mit Licht, Liebe und unendlicher Seligkeit erfüllt sein wird.

Mein Herz, liebe Erdenkinder, ist stets mit den euren verbunden und ich bin von Vater/Mutter Gott befugt, die Flamme der Liebe in euren Herzen zu entzünden, wenn ihr es nur zulasst.

Sobald diese Flamme, und sei sie anfangs auch noch so klein, in euren Seelen brennt, wird euch eine Woge der Liebe und des Lichts mit himmlischer Wärme nähren, euch reinigen und helfen, euch für alle Zeit mit eurem heiligen höheren Selbst zu verbinden. Denn dies ist das Selbst, das im heiligen Wesen Gottes verwurzelt ist. Gott weilt in EUCH, und ihr existiert in GOTT! Auf dieser hohen Ebene des SEINS sind Gott, das Reich der Engel und Lichtwesen und das Reich der Menschen EINS.

Wann immer ihr mich um Hilfe bittet, erhöre ich euch. Im Dienste des allherrlichen, allmächtigen Prinzips bin ich immer für euch da. Ich inspiriere euch zu Selbstliebe durch die Verehrung dieses göttlichen Prinzips, das in euch beherbergt ist, und leite und begleite euch auf dem inneren Weg der Dankbarkeit. Einer tiefen Dankbarkeit für alles, was ihr schon seid und erreicht habt, einer ehrwürdigen Dankbarkeit aber auch für das noch nicht ausgeschöpfte göttliche Potenzial, das euch im Namen des Schöpfers zugeteilt wurde und euch zusteht.

Wenn ihr mich dazu einladet und es mir gestattet, lenke ich eure Aufmerksamkeit in allen Lebenssituationen immer wieder auf die unermessliche Kraft der Liebe. Sei es am Tag oder in der Nacht, sommers oder winters, ob schwere Stürme in eurem Inneren wüten oder die Sonne in euren Herzen scheint, je mehr ich euch die Kraft der Liebe zeigen und sie zu verwirklichen helfen darf, desto schneller werdet ihr euch bewusst als Teil dieser gloriosen Schöpfung, als Mitschöpfer oder Mitschöpferin Gottes empfinden. Jeder von euch ist ein Teil Gottes, der einzigartig ist, eine Facette der Schöpfung, die bewusst ausgedrückt werden möchte. Denn ohne eure Selbstverwirklichung ist der heilige göttliche Plan nicht vollendet, sind Kraft und Macht Gottes nicht vollkommen.

Was auch geschehen mag, bleibt immer auf dem Pfad der Liebe. Und wenn ihr euch Sorgen macht, in Not seid oder Angst leidet, dann ladet mich ein, sie mit euch zu teilen und euch die allmächtige Kraft der Liebe und das Licht Gottes zu übermitteln. Ich, Erzengel Chamuel, bin immer für euch da.

Erzengel Gabriel

Heiliger Name: Gabriel bedeutet »Held Gottes«, »Gott ist stark« oder »Macht Gottes«. Gelegentlich wird der Name auch als »Gottesbote« übersetzt.

Geschichtlicher Hintergrund: Im Christentum ist Erzengel Gabriel der Verkünder der frohen Botschaft. Der Talmud sieht in ihm nach Erzengel Michael den zweithöchsten Engelsfürsten. Im Islam ist er unter seinem arabischen Namen Erzengel Djibril bekannt, der dem Propheten Mohammed den Koran diktierte. Dort wird er auch »Ruh al-Qudus« genannt, was so viel heißt wie »Geist der Heiligkeit«.
Göttliche Eigenschaften: Erzengel Gabriel ist der Engel der Verkündigung, der Erneuerung, der Wiedergeburt und der Auferstehung.
Gabe an die Menschheit: Erzengel Gabriel leitet unser spirituelles Leben und führt unsere Seelen ins Licht. Er vermittelt der Menschheit geistiges Wissen, inspiriert zu Erfindungen und Erkenntnissen.

WORTE DER LIEBE UND DES LICHTS

Ich begrüße euch von Herzen, Kinder des Lichts, und freue mich, euch auf diesem Wege die mannigfaltigen Energien und die unendliche Liebe Gottes vermitteln zu dürfen.

Als Gesandter Gottes habe ich die Kraft der Offenbarung, der Geburt und Wiedergeburt, der Erneuerung, der Hoffnung und der bedingungslosen Liebe in mir. Öffnet euren Geist und eure Seele, liebe Kinder des Lichts, und erlaubt mir, euch auf eurem spirituellen Weg zum heiligen Kern des Lichts zu begleiten.

Wenn ihr mich ruft, gebe ich euch Rat und himmlische Unterstützung. Ich helfe euch, auf den rechten Pfad der Wahrheit und der Liebe zu kommen und ihn bis zum Ende zu gehen. Ich verhelfe euch sowohl in eurem spirituellen als auch im Alltagsleben zu Disziplin und Ordnung, denn anders könnt ihr die spirituelle Leiter nicht erklimmen.

Ich bitte euch, liebe Kinder des Lichts, versucht euch an eine tägliche spirituelle Routine zu gewöhnen, an regelmäßige

Übungen in Gebet, Kontemplation oder Meditation. Wann ihr die Zeit dafür aufbringt und wo ihr praktiziert, spielt dabei keine Rolle. Gott liebt euch ohne Vorbedingung, also müsst auch ihr euch keine Fesseln anlegen.

Macht eure spirituellen Übungen voller Freude und mit einem Gefühl der Dankbarkeit für alles, was Gott euch geschenkt hat. Dann seid ihr, liebe Kinder des Lichts, bestens für euren irdischen Werdegang gerüstet.

Seid euch bewusst, dass der spirituelle Pfad mitunter steil, steinig und beschwerlich ist. Doch hinter jeder irdischen Hürde, sei sie geistiger, emotionaler oder physischer Natur, flackert der überirdische Lichtstrahl eures Vaters/eurer Mutter Gott. Ich kann und möchte euch helfen, ihn zu entdecken und zum heiligen Zwecke der Selbstheilung und Selbsterleuchtung zu nutzen. Bittet mich vor allem um Geduld, um Einsicht und Vertrauen in die unermessliche Kraft und Liebe Gottes. Diese Energien stehen in Hülle und Fülle für euch bereit. Sobald ihr euch nur willens und aufgeschlossen zeigt, fließen sie wie ein unendlicher Strom in euer Herz.

Ich darf euch, liebe Kinder des Lichts, daran erinnern, dass wir Erzengel, Engel und Lichtwesen dem kosmischen Gesetz der Willensfreiheit unterstellt sind. Das hat zur Folge, dass wir warten müssen, bis ihr uns anruft, zu uns betet und eure Fürbitten an uns richtet. Erst dann dürfen wir für euch handeln. Erst dann ist es uns gestattet, unsere himmlischen Kräfte zum Zwecke eurer Heilung einzusetzen.

Übergebt mir ruhig eure alltäglichen Ängste und Belastungen und erlaubt mir, sie für euch in höhere Energien zu verwandeln. Lasst los und ich erlöse euch von allem, was nicht länger eurem höchsten Wohle dient. Erlaubt mir als Verkünder der frohen Botschaft, dass ihr geliebte Kinder des Lichts seid, in euer tägliches Leben zu treten, und gestattet mir, euch Liebe, Freude, Zufriedenheit, Heiterkeit und Erfüllung im Überfluss zu bescheren.

Erzengel Raphael

Heiliger Name: Das Wort Raphael kommt aus dem Hebräischen und bedeutet »Gott heilt« beziehungsweise »Gott heilt die Seele«. Andere Übersetzungen lauten: »Er, der heilt« oder »Medizin Gottes«.
Geschichtlicher Hintergrund: Im Urchristentum wurde Erzengel Raphael als Gefährte von Michael, Gabriel und Uriel betrachtet. Nach katholischer Überlieferung steht er im Westen vor Gottes Thron. Heutzutage verehren ihn Christen als Engel der Heilung. Im Islam trägt er den arabischen Namen Israfil und nimmt als einer der vier Erzengel einen bedeutenden Rang ein.
Göttliche Eigenschaften: Erzengel Raphael verkörpert göttliche Heilung und Harmonie auf Erden.
Gabe an die Menschheit: Erzengel Raphael schenkt Heilung des Geistes, der Seele und des Körpers. Er inspiriert uns Menschen, neue Heilmethoden zu finden und zu untersuchen.

WORTE DER LIEBE UND DES LICHTS

Brauchst du Liebe, Zuneigung und Heilung, mein Erdenkind? Dann öffne dein Herz und erlaube mir, dir den Balsam der bedingungslosen Liebe zu spenden. Dieser Balsam heilt alle Wunden und kuriert alle Krankheiten des Geistes, der Seele und des Körpers. Liebe ist die beste Medizin und Gott der größte Heiler.

Denn Gott und die Liebe sind EINS! Als Heiler Gottes auf diese Erde entsandt, weile ich Tag und Nacht an deiner Seite und begleite dich auf deinem Erdenweg. Ich möchte dir vermitteln, dass nach jeder dunklen Nacht die Sonne wieder aufgeht und dass die spirituellen Strahlen der Liebe die Macht haben, jedes Leiden zu heilen und jede Situation zu bereinigen, mag sie auch noch so ausweglos erscheinen.

Licht kann aber nur in die Dunkelheit fallen, wenn du diesen heiligen Prozess der Heilung und Umwandlung auch zulässt. Beginne damit, dass du dich meiner Führung öffnest und mich um meinen Rat und meine himmlischen Heilenergien bittest. Denk nie, liebes Erdenkind, ich hätte mit meiner Zeit und Kraft Besseres zu tun. Keines deiner Leiden ist zu klein oder zu groß für die gottgegebene Heilkraft der Erzengel. Daher bitte ich dich, mich immer und unter allen Umständen anzurufen, damit ich dir Hilfe, Heilung und Trost schenken kann.

Ich betrachte es als ein mir von Gott gegebenes Privileg, mit dir, liebes Erdenkind, an deiner Heilung zu arbeiten. Meine größte himmlische Freude ist es, wenn du mich darum ersuchst. Besonders lade ich alle Erdenkinder unter euch, die im Bereich der Schul- oder komplementären Medizin wirken, ein, mit Fragen und Problemen, die sich aus ihrem Heilungswerk ergeben, an mich heranzutreten. Ich werde alles, was in meiner himmlischen Macht steht, tun, um euren Geist und eure Herzen dem höheren Wissen und dem Licht und der Liebe des universalen göttlichen Prinzips zu öffnen.

Die Arbeit des Heilers und Lichtarbeiters ist oft sehr schwer. In solchen Zeiten bringe ich euch Mut, Ausdauer und die Kraft der heiligen Überzeugung, dass euer Wirken in vollständiger Übereinstimmung mit dem heiligen Plan Gottes steht. Erinnert euch, liebe Erdenkinder: Nichts, was man mit guter Absicht, reinen Herzens und mit bedingungsloser Liebe tut, kann ganz und gar unrichtig sein.

Dennoch fordere ich euch auf: Übergebt alle eure Absichten Gott, den Engeln und allen Wesen des Lichts. Bietet sie dem Universum an und ersucht darum, dass sich diese Intentionen nur manifestieren, wenn sie vollkommen mit den kosmischen Gesetzen, denen dieses Universum unterliegt, übereinstimmen und auf den heiligen universalen Plan Gottes ausgerichtet sind.

Denn obwohl ihr ein gutes Herz habt und eure Mitbrüder und Mitschwestern auf dieser Erde so schnell wie irgend möglich von allen Schmerzen und allem Leid befreien wollt, könnt ihr doch nicht in Gänze erfassen, welchen Sinn dieses Leiden haben mag und was eure Patienten, Angehörigen und Freunde dadurch alles an positiven Lehren für ihr Seelenwachstum erfahren dürfen. Ihr, liebe Erdenkinder, könnt den Plan Gottes nicht enträtseln oder durchschauen, könnt nur versuchen, die Mysterien und Wunder Gottes im Hier und Jetzt zu beobachten, sie zu akzeptieren und anzunehmen.

Mein Geschenk an euch ist die Kraft der Heilung, ein Aspekt der bedingungslosen Liebe. Nehmt dieses Geschenk mit offenem Herzen an und verwendet den Balsam, den ich euch anbiete, weise; dies zuerst zur Heilung des eigenen Selbst und dann zur Heilung eurer Mitbrüder und Schwestern und aller Kreaturen auf Gottes Erde.

Erzengel Uriel

Heiliger Name: Uriel bedeutet im Hebräischen »Mein Licht«, »Licht Gottes« oder auch »Gott ist mein Licht«.

Geschichtlicher Hintergrund: Im Judentum gilt Erzengel Uriel als einer der sechs heiligen Engel. Er herrscht über den Tartarus (die Unterwelt, griechisch »Abgrund«). Zwar wird sein Name in der Bibel nicht genannt, trotzdem ist Uriel Teil der klassischen jüdisch-christlichen Engellehre. Er gilt als Vorsteher eines Ortes der Abgeschiedenheit, der am jüngsten Tag die Tore zur Unterwelt öffnen und die Seelen der Toten vor den Thron Gottes führen wird. In der christlichen Kunst wird Erzengel Uriel, neben Michael, Gabriel und Raphael, bis ins späte Mittelalter hinein häufig auf Bildern und in Mosaiken dargestellt.

Göttliche Eigenschaften: Verleiht inneren Frieden, Ruhe und Liebe zu unseren Erdenschwestern und -brüdern. Uriel ist der Erzengel des selbstlosen Dienstes im Namen Gottes und der Schöpfung.

Gabe an die Menschheit: Erzengel Uriel schenkt uns Transformation und Manifestation durch das göttliche Licht und das Feuer der bedingungslosen Liebe; zugleich ist er der Hüter jeglicher Ordnung und Materie. Auch übermittelt er uns das Wissen um die göttliche Gnade, um Schöpferkraft und Kreativität.

WORTE DER LIEBE UND DES LICHTS

Ich heiße euch herzlich willkommen, geliebte Erdenkinder, und möchte euch einladen, meines Lichts der Transformation und Erleuchtung und meiner himmlischen Liebe teilhaftig zu werden.

Für euer Seelenheil bin ich stets bereit, das Tor der Gegenwart, des Hier und Jetzt der ewig voranschreitenden Schöpfungsgeschichte dieses Universums, zu öffnen. Wenn ihr, liebe Erdenkinder, dieses Tor durchschreitet und im Licht des Schöpfers verweilt, habt ihr die Gelegenheit, den Puls des Kosmos zu fühlen und am Herzschlag Gottes teilzunehmen. In diesem Moment der absoluten Präsenz befindet ihr euch wahrhaftig in der heiligen Gegenwart Gottes und habt zugleich die Verknüpfung und Ausrichtung eures eigenen höheren Selbst erlangt. Denn ihr existiert in Gott, und der göttliche Funke lebt und sprüht in euch!

In diesem heiligen Augenblick bietet sich euch die lebendige Energie Gottes, des Reichs der Engel und der Lichtwesen dar. In diesem gesegneten Augenblick seid ihr sicher aufgehoben und unendlich geliebt. Kein Schmerz und kein Leid kann euch zugefügt werden, in den Armen Gottes seid ihr sicher und geborgen. In diesem heiligen gegenwärtigen Moment können wundersame Verwandlungen geschehen, können fantastische Kräfte der Heilung von den höheren Mächten auf euch übergehen. Ihr braucht sie nur zuzulassen.

Ich flehe euch an, sagt JA zur Gegenwart und erlaubt mir, euch bei diesem Prozess der Zentrierung behilflich zu sein. Überlasst mir eure alten Ängste, Sorgen und Belastungen. Gestattet mir, euch Heiterkeit, Humor und neue Denkmuster zu schenken. Lasst euch im Alltag bitte von mir führen, begleiten und anleiten. Je mehr ihr ganz gezielt in der Gegenwart präsent seid, desto mehr werdet ihr euch eurer angeborenen spirituellen Natur bewusst werden und feststellen, dass ALLES von Spirit = Geist, dem göttlichen Funken der bedingungslosen Liebe, erschaffen wurde und von ihm durchwoben ist.

In Wahrheit seid ihr überirdische Geister, denn eure unvergängliche Seele entstammt der Materie des Lichts = Liebe. Und nach eurem physischen Tod werdet ihr in einem funkelnden Lichtkörper wieder in die überirdischen Regionen des Seins eintreten. Asche zu Asche und Staub zu Staub – die Materie wechselt die Form, aber der Geist lebt ewig.

Ich hoffe, dass ihr in diesem göttlichen Wissen Trost findet, und bin euch gern dienlich, wenn euch nach den Kräften der Harmonie und Ermutigung dürstet. Ich lasse sie euch von Herzen gern zuteil werden, denn je friedvoller euer Herz ist, desto friedlicher wird sich auch die Welt um euch herum gestalten. Je mehr Selbstliebe ihr aufzubringen vermögt, desto mehr bedingungslose Liebe könnt ihr an die Außenwelt verschenken. Denn eines der kosmischen Gesetze, an welches ihr euch oft erinnern möget, lautet: Wie innen, so außen.

Erzengel Zadkiel

Heiliger Name: Zadkiel (aus dem hebräischen Tzadqiel) bedeutet »Wohlwollen Gottes«.

Geschichtlicher Hintergrund: Im Judentum war es Erzengel Zadkiel, der Abraham davon abhielt, seinen Sohn zu opfern. Im Christentum wird er verschiedentlich als Herr des fünften Himmels und der Chöre der Fürstentümer charakterisiert.

Göttliche Eigenschaften: Erzengel Zadkiel vermittelt uns die Energien von Transformation und Zeremonie. Seine himmlische Kraft hilft uns, unser niederes Ego-Selbst mit unserem heiligen höheren Selbst zu verbinden.

Gaben an die Menschheit: Sofern wir darum bitten, vermittelt Erzengel Zadkiel den Menschen Toleranz, Einsicht und Vergebung durch die Kraft der göttlichen Gnade. Erzengel Zadkiel inspiriert insbesondere Wissenschaftler, Architekten, Ingenieure und Schauspieler.

WORTE DER LIEBE UND DES LICHTS

Die Tür zu meinem Herzen steht dir immer offen, geliebtes Kind des Lichts. Ich bin Zadkiel, der Engel der Invokation und der heiligen Alchemie. Meine himmlischen Strahlen sind allzeit bereit, deine Seele enger und beständiger mit deinem heiligen Selbst zu verbinden. Bitte mich in dein Leben, wenn du vom Herzen her das Verlangen spürst, Gott ganz nahe zu kommen.

Einer der Dienste, die ich der Menschheit anbiete, besteht darin, dir dabei zu helfen, dein Gedächtnis von destruktiven Erinnerungen zu heilen, die deiner gloriosen Zukunft als Mitschöpfer oder Mitschöpferin Gottes gegenwärtig noch im Wege stehen. Auch werde ich dich, wie du es irdisch ausdrückst, auf »andere Gedanken« bringen, auf Gedanken des Lichts, der Liebe und der Freude am täglichen SEIN.

All das aber kann ich nur für dich bewirken, wenn du mich ausdrücklich dazu einlädst, denn gegen das göttliche Dekret der Willensfreiheit darf ich, wie dir bewusst sein wird, keinesfalls verstoßen.

Liebes Kind des Lichts, bitte übergib mir in deinen täglichen spirituellen Übungen, bei der Kontemplation, der Meditation oder im Gebet, deine alten Denkmuster. Ich nehme sie dankend an und verwandle sie für dich in neue, positive Energien. Dieser Prozess der Transformation von Gedanken und Emotionen in Licht und Liebe ist dir als »heilige Alchemie« bekannt. Überlasse mir auch alte Schwüre, Gelöbnisse und Ehrenworte aus diesem oder einem Vorleben, denn sie fesseln dich an die Vergangenheit und hemmen deinen spirituellen Fortschritt.

Viele von euch sind mit Schuldgefühlen behaftet, die oft sehr, sehr alt sind und manchmal auch aus einem früheren Leben stammen. Lass dir von mir gesagt sein, dass Gott und die Engel dich bedingungslos lieben, dich nie verurteilen oder dir Schuld zuschreiben, egal, was du meinst, in deinem Erdenleben getan oder unterlassen zu haben.

Gott liebt dich so, wie du bist, verurteilt oder beschuldigt dich nie. Folge diesem Beispiel und schenk dir diese bedingungslose, allumfassende Liebe auch selbst. Ich helfe dir, dich zu umarmen und so, wie du bist, zu akzeptieren. Ich helfe dir, das höchste Potenzial zu entwickeln, das im heiligen Plan Gottes für dich vorgesehen ist. Ich stehe dir bei deiner spirituellen Entfaltung bei, auf der Reise zu deinem eigenen göttlichen Selbst, deiner Verwandlung in einen wunderschönen Schmetterling der Liebe und des Lichts.

Ich bin der Hüter des Prinzips der himmlischen Liebe und gebe die Geheimnisse der bedingungslosen Liebe an dich weiter, sobald die Zeit für dich reif ist.

Es steht geschrieben, dass du es erreichen wirst, glaube an diese Wahrheit! Du bist nicht nur ein Instrument des Lichts und der Liebe, du bist auch Gottes Auge, Ohr, Mund und Gliedmaß auf dieser Erde. Du verkörperst das göttliche Prinzip auf Erden. Welche Ehre! Welche Glorie! Erfreue dich deiner gesegneten Rolle in diesem prachtvollen, mit Licht und Liebe erfüllten Universum!

Einstimmung auf das Reich der Engel

Ich habe es eingangs schon erwähnt: Um uns auf das Reich der Engel einzustimmen, müssen wir versuchen, unsere Schwingungsfrequenz so zu erhöhen, dass sie sich der der Engel etwas annähert. Das ist umso wichtiger, als unsere Energiezentren, die Chakren (dazu später mehr), aufgrund von Stress und belastenden Gefühlen häufig blockiert sind. Aber auch hormonelle Störungen und allerlei äußere Einflüsse können unsere Schwingungsrate zusätzlich verringern.

Trotzdem können wir einiges tun, um sie deutlich anzuheben und uns auf die Engel einzustimmen. Genau darum soll es in diesem Kapitel gehen.

Dazu eine wichtige Bemerkung vorab: Nimm keinesfalls Drogen oder Alkohol zu dir, wenn du spirituelle Übungen machst. Das kann sehr gefährlich sein, wie ich aus meiner zwanzigjährigen Tätigkeit als Heilerin und Therapeutin nur allzu gut weiß.

Körperliche Voraussetzungen einer Erhöhung der Energiefrequenz

Ein stabiler Energiehaushalt, der es uns ermöglicht, unsere Schwingungsfrequenz zu erhöhen, beruht auf guter Ernährung, genügend Bewegung, viel Schlaf und frischer Luft.

Gesegnete Mahlzeit

Lebensmittel sind Energie = Licht = Liebe! Diesem bedeutsamen Prinzip sollten wir vom Einkauf über die Zubereitung bis hin zum Essen und Trinken Rechnung tragen.

Wenn du etwas zu mir nimmst, verspeist du Materie, genährt aber wirst du von der Energie, dem Lichtquotienten des Essens. Je mehr positive Energie = Liebe in die Herstellung und Zubereitung deiner Nahrung eingebracht wurde, desto mehr Energie erhalten dein physischer Körper und dein Energiekörper (die Aura).

Eine wunderbare Möglichkeit, den Energie-/Lichtwert von Speisen und Getränken zu erhöhen, besteht darin, sie vor dem Verzehr zu segnen. Mit Hilfe der Kirlian-Fotografie (einer Methode, Energiefelder optisch aufzuzeichnen) konnte bewiesen werden, dass sich das magnetische Feld (die erste Schicht des aurischen Feldes), von dem nicht nur wir Menschen umgeben sind, sondern auch (wie alle lebendige Materie) unsere natürlichen Nahrungsmittel, um ein Vielfaches vergrößert, wenn man es segnet.

Dabei ist die Segnung des Trinkwassers von besonderer Bedeutung. Denn Wasser reinigt sowohl den physischen Körper als auch die subtilen Energiekörper. Deren tägliche Reinigung aber ist für alle Aspiranten des spirituellen Pfades unabdingbar.

Für diesen Lichtprozess des Segnens hältst du die Hände in ein paar Zentimetern Abstand über die Speisen und/oder Getränke, die du segnen möchtest. Bedanke dich zunächst bei Gott und Gaia – Mutter Erde – für Speis und Trank. Damit aktivierst du das kosmische Gesetz der göttlichen Gnade. Im Anschluss bittest du um weißes oder goldenes Licht für deinen Segen.

Lass dieses Licht in dein Kronenchakra eindringen und durch das Dritte Auge und das Kehlkopfchakra in dein Herzchakra fließen. Von dort aus erreicht die Energie deine Lungen, die Bronchien, die Arme und schließlich deine Hände mit den dort befindlichen Chakren. Über diese Handchakren strömt die göttliche Energie dann in die Lebensmittel, die du segnen möchtest. Wenn dieser Prozess abgeschlossen ist, wirst du es intuitiv spüren. Je niedriger die Energiefrequenz der Nahrung, desto mehr Zeit wird das Segnen in Anspruch nehmen. Und umgekehrt: Je mehr die Nahrung mit Licht und Liebe produziert, gekauft und zubereitet wurde, desto schneller geht der Prozess des Segnens.

Ich persönlich segne übrigens auch meine Seifen, Kosmetika, Zahnpasta, Haarwaschmittel, kurz: alles, was meinen Körper unmittelbar berührt.

Gesunde Bewegung

In unserem normalen Tagesablauf haben wir kaum die Möglichkeit, uns genug zu bewegen. Dies aber führt leider häufig zu Energieblockaden. Wenn wir beispielsweise fast den ganzen Tag über am Schreibtisch sitzen, wird der Energiefluss im Wurzelchakra blockiert, was zur Folge hat, dass wir kaum mehr geerdet sind. Eine richtige Erdung aber (die stabile Verbindung mit Mutter Erde) fördert die Gesundheit und Vitalität und ist daher ein wichtiger Bestandteil unserer spirituellen Energiehygiene, dessen Bedeutung gar nicht zu überschätzen ist.

Jede Art von Bewegung, besonders aber Sport, Yoga, Tai-Chi, Qigong oder Tanzen, fördert die Erdung. Auf jeden Fall aber ist in kleiner Spaziergang täglich zu empfehlen, damit der Körper wenigstens ein Minimum dessen bekommt, was er braucht.

Mehr zum Thema Erdung erfährst du im praktischen Teil dieses Buches auf Seite 129 f.

Naherholungsgebiet Natur

Auch unser Kontakt mit der Natur ist unter den heute herrschenden Lebensbedingungen nicht mehr so, wie er sein sollte. Dabei wissen wir doch ganz genau, dass die Natur eine der größten, wirkungsvollsten Quellen von Heilung ist. Jeder Baum, jeder Stein, jeder Grashalm ist von dem Licht und der Liebe erfüllt, die uns Mutter Erde Jahr für Jahr, Tag für Tag und Minute für Minute bedingungslos darbietet.

Hinzu kommt, dass sich der menschliche Organismus selbst aus den vier Naturelementen Erde, Feuer, Wasser und Luft zusammensetzt. Folglich bereichert es unseren Körper, wenn wir die Natur aufsuchen: Die Elementarwesen der Luft beleben unsere Lungen, die Elementarwesen der Erde den gesamten physischen Körper. Die Elementarwesen des Wassers, die zugleich für das Gefühlsleben zuständig sind, löschen nicht nur den Durst, sondern unterstützen uns auch emotional. Der beseelte Himmelskörper der Sonne schenkt uns Wärme und nährt uns mit Licht, ohne das wir nicht existieren könnten. Und der Mond schließlich steuert alle magnetischen Kräfte, also natürlich auch die, die in uns selbst wirksam sind.

Da der menschliche Energiehaushalt ohne die Unterstützung der Natur nicht gesund bleiben kann, ist es von größter Bedeutung, regelmäßig ins Freie zu gehen. Bereits eine halbe Stunde täglich, und sei es auch im kleinsten Stadtpark, gibt uns eine prima Energiespritze. Dabei tanken wir auf und steigern unsere Vitalität.

Merke: Je weiter du die spirituelle Leiter emporklimmst, desto mehr wirst du die Natur suchen (aber auch brauchen), um Körper, Geist und Seele gut in Balance zu halten.

Erholsamer Schlaf

Tiefer, erholsamer Schlaf ist einer der Grundsteine guter Gesundheit im umfassenden Sinne des Wortes; rein physisch natürlich, damit sich der Körper von den täglichen Strapazen erholen kann. Aber auch unser Geist und die Gefühlswelt finden im Schlaf die Gelegenheit, sich zu regenerieren. Im Schlaf hat das Unterbewusste Zeit, die Gedanken und Geschehnisse des Tages zu verarbeiten und einzuordnen. Wer nachts nicht genug schläft, wird daher am nächsten Morgen gestresster aufwachen, als es eigentlich nötig wäre.

Von einem spirituellen Standpunkt aus wird der Schlaf oft auch als »kleiner Tod« bezeichnet. Das klingt zwar krass, hat aber durchaus seine Berechtigung: Im Schlaf lassen wir alles vom Vortag ziehen, sodass es »sterben« kann.

Darüber hinaus hat die Seele im Schlaf genügend Zeit, in höhere, überirdische Sphären zu reisen, um dort Heilung zu erfahren und sich Wissen anzueignen. All dies bringt sie dann mit zurück – in den Körper und das Alltagsleben. Noch gesünder kannst du deinen Schlaf daher gestalten, wenn du vor dem Einschlafen die Engel ausdrücklich um Heilung bittest.

Wenn du vor einer Prüfung stehst oder einen intellektuell anspruchsvollen Beruf ausübst, kannst du die Engel auch bitten, dich im Schlaf zu den Universitäten des Lernens zu führen, in denen das gesamte Wissen und die Zeitlose Weisheit beheimatet sind. Sofern sie im Einklang mit Gottes Plan stehen, werden solche Bitten gern erfüllt.

Frische Luft

Wir verbringen viel zu viel Zeit in geschlossenen Räumen, und das ist für den Energiehaushalt schwer zu verkraften. Meist ist die Luft verbraucht und alles andere als frisch. Aus metaphysischer Sicht kommt noch etwas hinzu: In schlechter Luft können sich nur wenige der Elementarwesen aufhalten, die uns die doch so wichtige Energie zuführen.

Am Arbeitsplatz können wir das Raumklima durch Grünpflanzen, Kristalle und Zimmerspringbrunnen verbessern. Zusätzlich sollten wir den Engel des Zimmers einladen und ihn bitten, die energetische Versorgung des Raumes zu verbessern. Darüber hinaus gilt das, was ich schon gesagt habe: möglichst oft ins Freie gehen und frische Luft tanken.

Weitere Möglichkeiten

Blumen, Pflanzen, Kristalle, Zimmerbrunnen verbessern nicht nur das Raumklima, sondern helfen vor allem auch, unsere Schwingungsfrequenz zu erhöhen. Dasselbe gilt für schöne Kunstobjekte, wie Bilder, kleine Skulpturen, Fotos und dergleichen, sowie für harmonische Musik und Farben (am Leib getragen oder auch in unserer Umgebung).

Und schließlich – eigentlich eine Selbstverständlichkeit, aber von großer Bedeutung – sei noch die tägliche Reinigung des Körpers mit klarem Wasser erwähnt, Duschen oder Wannenbad mit anschließendem Abbrausen. Wasser säubert nicht nur äußerlich, sondern unterzieht auch den Emotionalkörper einer gründlichen Reinigung. Dafür ist es vor dem Duschen oder Baden hilfreich, die Elementarwesen des Wassers um Hilfe zu bitten, denn sie tragen das Ihre dazu bei, die Wirkung zu verstärken.

Zusammenfassend können wir also sagen: Alles, was die Seele jubilieren lässt, hilft, unsere Schwingungen zu erhöhen.

Erhöhung der Energiefrequenz auf mentalem Weg

Unter Gedanken verstehen wir elektrische Impulse, lebendige Lichtenergien, die ihre eigenen Schwingungen haben und wichtigster Bestandteil des Manifestations- beziehungsweise Schöpfungsprozesses sind. Am Anfang dieses Prozesses steht ein Funken der göttlichen Inspiration oder aber auch eine Mitteilung unseres Erdenselbst. Daraus erwächst ein Gedanke, dem sich das Wort anschließt. Der letzte Schritt ist die Tat, die Manifestation.

Auf diese Weise erschaffen wir die Welt um uns herum, aber auch unser eigenes Selbst. Denn genau das, was ich über mich denke, werde ich in mir und in meiner Außenwelt manifestieren. Auf dieser Erde sind wir Menschen die Mitschöpfer Gottes. Das ist ein wunderbares Geschenk, eine Gabe, die wir im Laufe vieler Leben zu meistern lernen. Aber es ist auch eine große Verantwortung.

In unserem täglichen Leben werden wir ständig von negativen Gedanken und Denkmustern gequält, die uns geradezu verfolgen. Daher vergleicht man im Buddhismus den Geist nicht zu Unrecht mit einer Horde wilder Pferde, die zügellos dahingaloppieren. Und tatsächlich führt der Geist bei den meisten Menschen ein Eigenleben, das über sie herrscht – und nicht umgekehrt, wie es eigentlich sein sollte.

Diese Last der destruktiven, negativen, meistens ziemlich verwickelten Gedanken und Denkmuster senkt zwar nicht direkt unsere Energiefrequenz, macht uns aber allzu kopflastig und führt dazu, dass wir schlecht geerdet sind. Und das kann weitreichende körperliche, aber auch psychische Folgen haben. Mit einer unruhigen oder gestörten Psyche zu kommunizieren wird den Engeln schwerer fallen. Und auch für uns selbst ist es nicht gerade leicht.

Einer der ersten Schritte auf dem spirituellen Pfad ist daher immer die mentale Reinigung. Denn um mich von etwas lösen zu können, muss ich mir dessen zunächst bewusst werden. (Ich kann ja auch nichts verschenken, was ich nicht vorher hergestellt oder gekauft habe.)

Unbewusst verschließen wir die Augen vor dem, was in unserer Psyche wirklich vorgeht, und verleugnen aus Angst davor viele unserer Gedanken und Emotionen. Diese Verleugnung geht oft sehr, sehr tief. Und je traumatischer die Erinnerungen sein könnten, desto weiter drängen wir sie in unser Unbewusstes zurück.

Mentale Reinigung: Beobachtung von Denk-, Verhaltens- und Glaubensmustern

Daher ist es unabdingbar, sich seiner Gedanken bewusst zu werden, Wege zu finden, sie zu erkennen, zu beobachten und dem Reich des Unbewussten zu entziehen. Das geht am besten, indem man zum Augenzeugen der eigenen Denkmuster wird. Erzengel Michael steht uns in diesem Prozess gern hilfreich zur Seite.

Eine der wichtigsten Voraussetzungen für jede Selbstheilungsübung ist eine positive Einstellung der eigenen Person gegenüber. Keine Selbstkritik – und schon gar keine Verurteilung. Das Ziel besteht immer darin, sich bedingungslos zu akzeptieren.

Versuch es mit der folgenden Übung, die du am Anfang zehn bis zwanzig Minuten lang durchführst. Später kannst du sie dann zeitlich ausweiten.

SELBSTBEOBACHTUNG

Diese Übung ist aus der Praxis des Zen abgeleitet. Am besten machst du sie beim Abwaschen, Staubsaugen, Bügeln, Gärtnern oder anderen alltäglichen Verrichtungen (aber bitte nicht, wenn du Auto fährst oder eine Maschine bedienst).

Nehmen wir Geschirrspülen als Beispiel: Stell dir vor, du stehst hinter deinem körperlichen Selbst und beobachtest dich beim Abwaschen. Doch siehst du nicht nur deinen Leib, sondern kannst auch deine Gedanken lesen. (Oft hilft die Vorstellung, man schwebe über dem eigenen Körper, habe Einblick in sein Gehirn.) Auf diese Weise wirst du zum Beobachter und Zeugen deiner Gedankenvorgänge.

Zunächst wirst du staunen, wie viele verschiedene Gedanken wirr in deinem Hirn herumgeistern. Die meisten davon hängen vermutlich auf die eine oder andere Weise mit deinem Alltagsstress zusammen. Dann aber wirst du feststellen, dass sich in vielen deiner Gedanken alte Glaubensmuster deiner Familie, deines sozialen und kulturellen Umfeldes und deines Freundeskreises ausdrücken.

Von seiner Empfängnis an wird der Mensch von den Energien seines Umfeldes beeinflusst. In einem bestimmten Entwicklungsstadium kann bereits der Embryo die Stimmen seiner Eltern und Geschwistern unterscheiden und ist für Geschehnisse in der Außenwelt empfänglich. Jeder von uns hat also zahllose Gedanken, die zwar seinem eigenen Gehirn entspringen, ihm aber eigentlich »nicht gehören«. Sie sind sozusagen übernommen, ein fremdes Erbe.

Beim spirituellen Pfad geht es daher um *Selbsterkennung, Selbstfindung und Selbstheilung*. Und je mehr du zum bewussten Zeugen deiner Gedanken wirst, desto mehr wirst du feststellen, dass sich gewisse Gedanken wie ein roter Faden durch deinen Geist und dein Leben ziehen.

Schreibe diese Gedanken bitte auf, damit du die dahinterliegenden Denk- und Glaubensmuster erkennen kannst. Wirst du dir dabei schwerwiegender psychischer Probleme bewusst, such dir bitte professionelle Hilfe und nimm nicht aus falschem Stolz an, du müsstest oder solltest den Weg, der zu deiner Heilung führt, alleine gehen. Wir sind alle hier, um uns auf unserem spirituellen Weg gegenseitig zu unterstützen. Ein guter Therapeut oder eine gute Therapeutin kann dir helfen, psychisch schnell wieder auf die Beine zu kommen.

Mentale Reinigung: Abschied von destruktiven Denk- und Verhaltensmustern

Nachdem du dir deiner Gedanken bewusst geworden bist, besteht nun der zweite Schritt der mentalen Reinigung darin, sie zu sortieren. Sie lassen sich in zwei Kategorien fassen: Gedanken, die dich positiv weiterbringen, und welche, die sich negativ auf dich auswirken. Was du damit tust?

Die ersten behältst du bei, die anderen lässt du los.

Denn eines solltest du wissen: *Von allem, worauf wir unsere Aufmerksamkeit richten, manifestieren wir mehr.*

Wenn du also einer negativen Situation Interesse – Energie – zuführst, wird sie noch schlimmer. Und umgekehrt: Wenn du einer positiven Situation positive Energie schenkst, wird sie schöner und angenehmer.

Um negative Gedanken loszuwerden, darfst du sie also nicht bekämpfen. Ignorier sie stattdessen einfach. Führe ihnen keine Energie zu, denn so werden die entsprechenden elektrischen Impulse immer schwächer; die Gedanken verlieren immer mehr an Energie, und das macht ihnen letztlich den Garaus.

Die Haltung, die du damit einnimmst, ist: Dieser Gedanke ist mir gänzlich einerlei, völlig egal, ich messe ihm keinerlei Bedeutung zu, er kümmert mich nicht. (Es muss aber wirklich eine innere Einstellung sein und nicht bloß eine weitere Folge von Gedanken.) Nach einiger Übung wirst du mit dieser uralten Methode wunderbare Erfolge erreichen können.

Bitte beachten: Für uns Menschen erfüllen auch die sogenannten negativen Gedanken und Emotionen eine wichtige Funktion, denn sie sind wie Wegweiser zu unserer Heilung. Daher dürfen sie weder verneint, verleugnet noch unterdrückt werden, sonst entgehen uns möglicherweise wertvolle Hinweise, die unsere Heilung in Gang setzen und beschleunigen könnten.

Hier nun zwei einfache Energieprozesse der mentalen Reinigung. Bei beiden wird uns Erzengel Michael wieder hilfreich zur Seite stehen.

DER LUFTBALLON

Diese Übung ist hervorragend gegen Stresssymptome aller Art geeignet. Mal dir aus, Erzengel Michael hält an einer goldenen Schnur einen riesigen blitzblauen Luftballon. Atme tief ein und nimm dir vor, beim Ausatmen den gesamten Vorrat negativer Gedanken aus deinem Hirn zu entlassen und sie in diesen magischen blauen Heilungsballon hineinzublasen. Das machst du dreimal. Bei jedem Ausatmen füllt sich der Ballon mehr. Nach dem dritten Atemzug nimmt Erzengel Michael den Ballon mit sich hinauf in die himmlischen Gefilde, um die negativen Energien, die er enthält, in Licht und Liebe umzuwandeln. Abschließend bedankst du dich.

DIE HIMMLISCHE MÜLLABFUHR

Erzengel Michael steht vor dir. Bei sich hat er einen großen, blitzblauen Behälter aus glänzendem Metall und fordert dich auf, alle Gedanken, die dir in diesem Moment nicht nützlich sind, auszuatmen. Atme tief ein. Beim Ausatmen beobachtest du, wie Tausende von Buchstaben aus deinem Mund in den Container purzeln. Beim nächsten Ausatmen sind es Wörter, dann ganze Sätze und schließlich komplette alte Gedankenmuster, die deinen Fortschritt behindern. Der Behälter ist so groß, dass alle diese Altlasten hineinpassen. Sobald er gefüllt ist, bringt ihn Erzengel Michal für dich zur Quelle des Seins, um die negativen Energien in Licht und Liebe zurückzuverwandeln. Du kannst diese Übung so oft wie nötig wiederholen, denn zum Zwecke deiner mentalen Reinigung hält Erzengel Michael eine unbegrenzte Anzahl von Behältern bereit. Vergiss nicht, dich zum Abschluss bei ihm zu bedanken.

Lösung und Heilung negativer Emotionen

Unaufgelöste negative Emotionen belasten das Energiesystem, das heißt, sie beeinträchtigen unsere Schwingungsfrequenz (und zwar umso mehr, je schwerer die emotionale Last) und blockieren die Chakren.

Falls wir die destruktiven Emotionen aus der Vergangenheit nicht verarbeiten und auflösen, manifestieren sie sich im physischen Bereich, also im Körper. (Wie der Ausdruck »psychosomatisch« verdeutlicht, ist sich, wenigstens ansatzweise, auch die Schulmedizin dieses Tatbestandes bewusst.)

Belastende emotionale Muster können uns arg zu schaffen machen. Die gute Nachricht aber lautet: Abhilfe ist möglich. *Mit positiven Gedanken können wir unsere Emotionen steuern und verändern.* Im NLP (Neuro-Linguistisches Programmieren) erzielt man damit bereits seit Jahrzehnten große Erfolge.

Das grundlegende Prinzip ist dasselbe wie bei der Heilung unserer Gedankenwelt: Von allem, worauf wir unsere Aufmerksamkeit richten, manifestieren wir mehr. Ein Beispiel: Wenn ich mich ganz und gar dem Gefühl der Traurigkeit hingebe, werde ich unglücklicher und unglücklicher. In der Regel bleibe ich so lange niedergeschlagen, bis mich irgendein Impuls auf andere Gedanken bringt. Das Verfahren ist daher im Grunde ganz einfach, vor allem, wenn wir uns des Beistands der Erzengel Raphael und Chamuel versichern: Es gilt, neue Impulse in Form positiver Gedanken zu schaffen.

Leichter gesagt als getan, meinst du vielleicht. Aber der Trick ist der: Gerade wenn man die Welt nur schwarz in schwarz sieht, führt man sich bewusst alles vor Augen, was an der gegenwärtigen Lebenssituation positiv ist. Mit anderen Worten: Man richtet seine Aufmerksamkeit darauf. Sobald dann der erste positive Punkt aufgetaucht ist – zugegeben, es kann eine Weile dauern –, gesellen sich andere schöne Aspekte hinzu. Denn Positives zieht immer Positives an und verstärkt es. Je weniger Bedeutung wir unseren belastenden Emotionen also zuweisen und je länger wir unseren positiven

Gedanken nachgehen, desto schneller verbessert sich unser Gemütszustand. Bei dieser »Umprogrammierung« stehen uns die Erzengel Raphael und Michael gern zur Seite.

Das Loslassen störender Emotionsmuster wird auch durch den folgenden einfachen Energieprozess unterstützt.

DAS PAKET

Bitte Erzengel Michael an deine rechte und Erzengel Raphael an deine linke Seite. Vor dir siehst du eine leere Schachtel stehen, daneben braunes Packpapier und eine Schnur. Leg deine Hände flach übereinander auf dein Herzchakra und verbinde dich mit den Emotionen, von denen du dich lösen möchtest. Atme Licht und Liebe ein. Sobald du die Verbindung spürst, stellst du dir vor, dass du sie wie ein langes Seil aus deinem Herzchakra herausziehst. Beim Ausatmen verschwinden die Emotionen in der Schachtel. Mach sie zu, wickel sie ein und verschnür sie gut. Dann übergibst du sie, vollgepackt mit deine alten, negativen Emotionen, den beiden Erzengeln, die sie dankend entgegennehmen und zur Quelle des Seins zurückbefördern. Dort werden die Energien in Licht und Liebe umgewandelt. Sag Dank dafür.

Vergebung ist einer der wichtigsten Schlüssel zur Heilung der Emotionen. Beginn bei dir selbst, verzeih dir alles, was du vermeintlich »falsch« gemacht hast. Dann kannst du auch anderen vergeben, die dir ein Leid zufügten.

Lange gehegte Schuldgefühle blockieren die Chakren und verringern die Schwingungsfrequenz. Umso wichtiger ist es, sich Folgendes vor Augen zu führen: Jeder Mensch handelt in jedem Moment entsprechend dem Entwicklungsstand seines Bewusstseins und genau so, wie es die spirituellen, mentalen, emotionalen und physischen Werkzeuge, die ihm zur Verfügung stehen, zulassen. Daraus folgt: Alle Handlungen, die ein Mensch vollbringt, und seien sie auch noch so grauenerregend, bringen das Beste zum Ausdruck, das der Betreffende im gegebenen Augenblick verwirklichen kann. In der Umgangssprache sagt man ja nicht ohne Grund: »Ich konnte nicht anders« oder: »Ich wusste mir nicht anders zu helfen.« Hätte man es besser machen können, hätte man es bestimmt getan. Genau auf dieser Überlegung beruht der Prozess des Vergebens.

Der folgende Lichtprozess kann dir bei der energetischen Lösung und Heilung negativer Emotionen, die du anderen gegenüber hegst, behilflich sein.

DIE TRENNUNG

Nachdem du Erzengel Michael gebeten hast, dich in diesem Lichtprozess zu unterstützen, stellst du dir die Person vor, die dich verletzt hat. Sie steht direkt vor dir. Über die Chakren seid ihr durch ätherische Energiefesseln miteinander verbunden. Das sieht so aus wie eine Portion gekochter Spaghetti. Die einzelnen Nudeln, die Energieschläuche, versinnbildlichen die negativen Emotionen, die noch nicht aufgelöst wurden. Da selbstlose Liebe frei von jeglicher Begrenzung ist und keine Fesseln kennt, bittest du nun Erzengel Michael, sie mit seinem Schwert des Lichts, der Wahrheit und der Liebe zu durchtrennen. Ist dies erfolgt, bedankst du dich bei ihm. Erzengel Michael nimmt daraufhin die andere Person bei der Hand und führt sie in einen überirdischen Heilungstempel des Lichts und der Liebe. Zum Abschluss werden dich deine Schutzengel in ihre herrlichen Energien einhüllen und sich freuen, dass du so gute Arbeit geleistet hast.

Belastende Emotionen heilen wir mit der Haltung: *Ich bin jetzt bereit, alte, negative Emotionen loszulassen, und übergebe sie dem Reich der Engel. Ich liebe und akzeptiere mich so gut ich kann und erlaube mir, Schritt für Schritt mehr und mehr Licht und Liebe von Gott, den Engeln und dem Universum zu empfangen!*

Ich wiederhole es an dieser Stelle gern: Bei schwerwiegenderen seelischen Erschütterungen oder Traumata, denen du mit den Methoden der Selbstheilung nicht beikommst, suchst du dir bitte professionelle Hilfe.

Spirituelle Wege zur Erhöhung der Energiefrequenz

Die Kraft des Gebetes

Voraussetzung für eine enge Verbindung mit dem eigenen heiligen Selbst ist die Liebe zu Gott, zur Schöpfung, aber auch die bedingungslose Liebe zu sich selbst. Mit der Kraft des Gebetes lässt sich dieser Prozess wirkungsvoll fördern. Die Kraft des Gebetes ist unermesslich und wirkt sich positiv auf die Heilung der Menschen, aber auch die des Reichs der Tiere, Pflanzen und Mineralien aus.

Dabei kommt es, egal, worum wir beten, immer auf die Absicht an, die wir damit verfolgen. Entscheidend ist also die richtige Intention: Möge sich die Erfüllung unseres Wunsches zum Besten aller auswirken. Vergessen wir auch nicht, das Wie, Wann, Wo Gott und seinem heiligen Plan zu überlassen!

Daher möchte ich dir ans Herz legen, am Ende jedes Gebetes deine gute Absicht mit den Worten »Ich übergebe meinen Willen dem höheren Willen Gottes, meines Vaters/meiner Mutter« zum Ausdruck zu bringen. Denn auf diese Weise kann sich der heilige Plan ungehindert von menschlichen

Vorstellungen, die ja nicht immer der kosmischen Wahrheit entsprechen, entfalten.

Die Kraft des Segens

Auch der Segen, wir haben es ja schon kurz angesprochen, ist eine mächtige Kraft. Wenn wir von ganzem Herzen all jenen Menschen unseren Segen schenken, die ihn unserer Intuition und unserem Gefühl nach brauchen, erhöhen wir damit nicht nur deren Lichtquotienten, sondern auch unseren eigenen.

Da wir uns auf diese Weise wie magnetisch mit Liebe und Licht aufladen, ziehen wir mehr und mehr davon an und bekommen umso mehr zurück, je mehr wir geben.

Du kannst die Lichtarbeit des Segnens übrigens auch auf bestimmte Orte, Situationen und Ereignisse ausdehnen. Warum nicht zum Beispiel einen vorbeifahrenden Rettungswagen segnen? Da alles, was sich auf Gottes Erde bewegt, Licht und Liebe im Überfluss braucht, sind der Lichtarbeit des Segnens keinerlei Grenzen gesetzt.

Die Kraft der göttlichen Gnade

Gottes Gnade ist Energie, eine Facette der Liebe und des Lichts. Diese himmlische Energie können wir auf uns ziehen, indem wir die Energie der Dankbarkeit verströmen. Auf diese Weise ziehen wir die göttliche Energie der Gnade an, die die Dynamik der Güte, Milde, Barmherzigkeit, Nachsicht, Vergebung und Wohltätigkeit in sich birgt.

All diese Energien werden uns geschenkt, wenn wir Dankbarkeit praktizieren, wenn wir all das wohlwollend anerkennen, was wir in diesem Moment haben und sind, aber auch alles, was wir von Vater/Mutter Gott, den Engeln und dem Universum künftig geschenkt bekommen. Je mehr wir unser Vertrauen und den Glauben an Gott und die universalen Energien, die immer zu unserem Besten arbeiten, intensivieren, desto näher ziehen wir all dies an uns heran.

Die Kraft der Affirmation

Positive Affirmationen sind Worte der Liebe und des Lichts, die mit besten Absichten repetiert werden. Je häufiger wir sie wiederholen, desto mehr Kraft bekommen sie und werden dadurch quasi zu Magneten. Diese Lichtpakete ziehen dann, wie wir bereits wissen, immer mehr Licht und Liebe an.

Eine der besten und kraftvollsten Affirmationen lautet: »Ich bin, der/die ich bin.« Damit bringst du zum Ausdruck, dass du EINS mit GOTT bist und perfekte Göttlichkeit ausstrahlst. Natürlich weißt du, dass dies so ganz im Moment noch nicht der Fall ist. Um uns aber so innig wie irgend möglich mit unserem höheren Selbst und mit Gott verbinden zu können, müssen wir uns mit dieser Energie bis ins kleinste Detail identifizieren. Das Universum ist wie ein Spiegel, der all unsere Gedanken und Gefühle exakt reflektiert. Wenn wir uns also gedanklich vollkommen auf Licht und Liebe einstellen, werden wir auch nur Licht und Liebe ernten, uns intensiver mit unserem höheren Selbst verbinden und so unsere Schwingungsfrequenz erheblich erhöhen. Dann klappt auch die Kommunikation mit dem Reich der Engel gleich viel besser.

Die Kommunikation mit den Erzengeln

Es gibt eine Fülle von Hilfsmitteln, mit denen wir die Kommunikation mit den Erzengeln intensivieren können. Hier einige praktische Anregungen.

Energetische Reinigung des Meditationsraumes

Um eine gute Verbindung mit dem Reich der Engel herstellen zu können, ist nicht nur innere Reinlichkeit (sowie eine gewisse Körperhygiene) vonnöten; auch die Energien, die uns umgeben, sollten klar und harmonisch sein. Daher ist es wichtig, den Raum, in dem wir uns in der Meditation mit unseren Engeln verbinden möchten, vorher energetisch zu reinigen.

ENERGETISCHE REINIGUNG DES MEDITATIONSORTES

1. Öffne ein Fenster, um Licht und frische Luft ins Zimmer zu lassen.
2. Bitte den Schutzengel deines Hauses/deiner Wohnung, dir bei der Reinigung zu helfen.
3. Entzünde eine Kerze, ein Räucherstäbchen oder etwas Räucherkraut.
4. Nimm eine Glocke, Handtrommel oder ein ähnliches Instrument zur Hand.

5. Lade nun den Schutzengel deines Hauses ein, dir beizustehen, und bitte laut um die Reinigung deines Raumes. Etwa so: »Ich bedanke mich dafür, dass alle negativen Energien, die sich in diesem Raum befinden, jetzt in Licht und Liebe verwandelt werden.«
6. Geh dann, die Glocke in der einen und die Kerze beziehungsweise das Räucherstäbchen in der anderen Hand, den Raum ab und wiederhole dabei fortwährend dein Reinigungsgebet.
7. Wenn der Raum energetisch gesäubert ist, wirst du es spüren. Bedanke dich dann von Herzen beim Schutzengel deines Hauses für seine Mithilfe an diesem Reinigungsprozess.

Natürlich gibt es weitere Mittel, mit deren Hilfe du dir dein Umfeld himmlisch gestalten kannst. Hier nur vier Beispiele:

- Schmücke deinen Raum mit Kristallen und frischen Blumen.
- Stelle einen Engel-Altar auf. Dazu genügt ein Eckchen in deinem Zimmer, vielleicht auch nur ein kleiner Tisch, den du zum Beispiel mit einem Bild oder einer Statue deines Lieblingsengels, mit deinem Lieblingskristall, einer schönen Kerze oder dergleichen dekorierst.
- Verwende Öle, wie Rosenöl, Jasminöl oder Zeder. Sie helfen, deinen Meditationsraum und deine Aura zu reinigen und zu energetisieren.
- Spiele während deiner Engelsmeditation himmlische Musik.

Intensivierung der Engelskommunikation auf der geistigen Ebene

Jede Lichtarbeit bedarf einer soliden Basis, von der aus man sich spirituell weiterentwickeln kann. Das gilt natürlich auch für die Engelkommunikation.

Nach der Einstimmung auf die Engel und den genannten Vorbereitungen folgen nun als nächste Stufe einige praktische Vorschläge, wie du dich auf der geistigen Ebene mit dem Reich der Engel verbinden kannst.

Briefe an das Reich der Engel

Schreibe deinem Schutzengel einen Brief, aber bitte nicht allzu kompliziert. Je klarer und einfacher die Fragen sind, die du stellst, desto besser können sie beantwortet werden.

Halte Papier und Stift bereit. Atme Licht und Liebe ein und bitte um Schutz. Ersuche deinen Schutzengel dann mental, mit dir in Verbindung zu treten, und schreib: »Lieber Schutzengel, hier ist (dein Name). Ich würde dir gerne folgende Frage stellen. (Formuliere sie möglichst konkret.) Ich bedanke mich von Herzen für deine Antwort und für die Liebe, die du mir schenkst.«

Dann schreibst du nieder, was dir in den Sinn kommt. Zugleich übergibst du jeglichen Zweifel an diesem Prozess deinem eigenen heiligen Selbst.

Alle Bitten an das Reich der Engel werden erhört und beantwortet. Mit einem bisschen Geduld und Übung wird dir die schriftliche Kommunikation mit deinem Schutzengel oder auch mit anderen Engeln und Erzengeln bald leicht von Hand gehen. Damit schaffst du dir eine wunderbare Ausgangsbasis für alle weiteren himmlischen Kontakte.

Engelkarten

Auch Engelkarten, die man heutzutage in jeder guten Buchhandlung erwerben kann, sind hervorragend geeignet, eine engere Verbindung mit dem Reich der Engel herzustellen. Diese Methode der Kommunikation funktioniert über unser höheres Selbst, das die Karten für uns auswählt.

Durch die Verwendung von Engelkarten fördern wir unsere Intuition und geben dem Reich der Engel eine Art physisches Sprachrohr für die Kommunikation mit uns Menschen. Alles, was wir dafür brauchen, ist die Absicht, mit dem Reich der Engel in Verbindung zu treten, gekoppelt mit einer klaren Frage. Etwas Vertrauen und Übung vorausgesetzt, können wir auf diese Weise unsere Engelkontakte erheblich verbessern und intensivieren.

Verbindung mit dem Reich der Engel im Traum

Im Schlaf ist unser zweifelnder, kritischer Geist ausgeschaltet – eine vorzügliche Gelegenheit, sich innig mit dem Reich der Engel zu verbinden.

Das geht ganz leicht: Stell einfach unmittelbar vor dem Einschlafen eine Frage oder formulier deinen Wunsch. Das kannst du rein mental tun, besser wäre es aber vielleicht, dein Anliegen laut auszusprechen und es mehrmals zu wiederholen. Vergiss nicht, dich bereits im Vorhinein herzlich für die Hilfe, die du erhalten wirst, zu bedanken.

Die Engel, die keinen unserer Wünsche und keine Bitte, die wir an sie richten, unbeantwortet lassen, werden ihre Heilungsarbeit leisten, während du schläfst, und bereiten die Antwort auf deine Frage schon vor. Beim Erwachen wirst du sie dann entweder klar im Kopf haben oder aber es breitet sich ein bestimmtes Gefühl in dir aus, das dir den Weg weist. Oft kommt die Antwort auch aus dem täglichen Leben, wird dir durch Freunde, Familie, durch Fernsehen, Radio oder Zeitungen übermittelt.

Hab Geduld, denn oft muss man seine Fragen oder Wünsche einige Male wiederholen, damit die himmlischen Energien Zeit und Raum genug haben, zu reagieren und die neue Realität zu manifestieren.

Erbetene Heilungsprozesse dagegen können mitunter sehr schnell gehen, denn dabei handelt es sich um Vorgänge, die ausschließlich die Heilkraft der Engel und dich selbst betreffen.

Scheue dich nie, um Heilung zu bitten, denn die Kraft der Engel ist unermesslich. Man muss sich nur öffnen, um ihre heilenden Energien empfangen zu können.

Anrufung der Erzengel

Eine noch innigere, tiefere Verbindung mit dem Reich der Engel können wir durch den Akt der Anrufung erreichen, denn er ist Einladung, Fürbitte und Gebet zugleich. Indem wir die Engel reinen Herzens und guten Gewissens anrufen, gestatten wir ihnen, unser Leben auf allen Ebenen des Seins tiefgreifend zu verbessern und zu heilen. Denn sobald sich unser Bewusstsein mit dem himmlischen Bewusstsein des Reiches der Engel vereint, können wahre Wunder geschehen.

Ich habe einige mögliche Anrufungen der sieben Erzengel, mit denen du dich auf den Seiten 18 bis 33 schon näher bekannt gemacht hast, für dich zusammengestellt. Wenn du dir nicht ganz sicher bist, an welchen der Erzengel du dich wenden sollst, lies dir bitte ihre Worte der Liebe und des Lichts im Sinne einer Meditation oder Kontemplation noch einmal durch. Dein heiliges höheres Selbst teilt dir dann mit, welcher Engel dir im Moment am hilfreichsten sein wird.

Wie immer atmen wir Licht und Liebe ein, ersuchen um Schutz und Erdung und bedanken uns vorab für die Hilfe, die die Erzengel uns zuteil kommen lassen werden.

Erzengel Michael:

»Bitte hilf mir, meine Wahrheit zu erkennen!«

»Erzengel Michael, bitte gewähre mir Schutz auf allen Ebenen des Seins!«

»Erzengel Michael, bitte befreie mich von meinen Fesseln!«

Erzengel Jophiel:

»Bitte gib mir himmlische Stärke!«

»Erzengel Jophiel, bitte zeig mir die Schönheit in allem, was Gott geschaffen hat!«

»Erzengel Jophiel, bitte hilf mir, das Licht in mir zu entdecken!«

Erzengel Chamuel:

»Bitte lehre mich zu vergeben!«

»Erzengel Chamuel, bitte lehr mich Mitgefühl und Barmherzigkeit!«

»Erzengel Chamuel, bitte lehr mich bedingungslose Liebe!«

Erzengel Gabriel:

»Bitte führe mich auf dem Pfad zu meiner spirituellen Wiedergeburt!«

»Erzengel Gabriel, bitte hilf mir, Altes loszulassen!«

»Erzengel Gabriel, bitte zeig mir neue Wege des Seins!«

Erzengel Raphael:

»Bitte schenk mir Heilung!«

»Erzengel Raphael, bitte schenk mir Harmonie!«

»Erzengel Raphael, bitte inspiriere mich, neue Wege der Heilung für meine Erdenbrüder und -schwestern zu finden!«

Erzengel Uriel:

»Bitte verhilf mir zu innerem Frieden!«

»Erzengel Uriel, bitte verschaff mir innere Ruhe!«

»Erzengel Uriel, bitte hilf mir, Ordnung in mein tägliches Leben zu bringen!«

ERZENGEL ZADKIEL:
»Bitte hilf mir, meine Vorurteile abzulegen!«
»Erzengel Zadkiel, bitte hilf mir, Einsicht und Nachsicht zu üben!«
»Erzengel Zadkiel, bitte hilf mir, mich nachhaltig mit meinem heiligen Selbst zu verbinden!«

Engelskommunikation über den Atem

Da die Engel mit den Elementen Äther und Luft verbunden sind, ist es kaum verwunderlich, dass sie auch durch unseren Atem mit uns kommunizieren.

Unser Atem gibt uns Lebenskraft und Energie. Er ist die Brücke zur zentralen Energiequelle des Universums (auch Vater/Mutter Gott genannt), die alles Licht und alle Liebe in sich birgt, die wir für ein auf allen Ebenen des Seins gesundes Leben benötigen.

Bewusstes, tiefes Atmen in der Absicht, sich mit dem Reich der Engel zu verbinden, reinigt die Energiekanäle und lädt sie sodann mit dem Licht und der Liebe Gottes und der Engel wieder auf. Diese Tiefenreinigung bewirkt eine intensive Heilung aller Energiekörper sowie des Leibes. Richtiges Atmen in bewusster Verbindung mit den heiligen himmlischen Kräften kann wahre Wunder bewirken. Für mich ist unser Atem daher ein heiliges, äußerst wertvolles Instrument der Selbstheilung.

Die Erzengel und das Chakrasystem

Als bedeutende Vertreter der himmlischen Hierarchie sind die sieben Erzengel Wächter und Hüter der sieben Hauptchakren beziehungsweise Energiezentren im menschlichen Körper. Neben weiteren Erzengeln und anderen Lichtwesen konzentrieren sie in ihrem Lichtkörper die Kräfte und Qualitäten der zwölf göttlichen Strahlen (dazu mehr im nächsten Kapitel) und lassen sie wie durch ein Kristallprisma in unsere Welt strahlen. Da jegliche Materie aus Licht besteht, fließen diese Energien auch unserem Chakrasystem zu. Ursächlich sind sie sogar für deren ätherische Erschaffung verantwortlich.

Chakren bilden sich überall dort, wo sich Bündel von Energiestrahlen kreuzen. Dann entsteht ein Energie-Rad (das Wort Chakra kommt aus dem Sanskrit und bedeutet Rad, Scheibe oder Kreis).

Jedes dieser Räder des Lichts, die sich ständig drehen (im Uhrzeigersinn, sofern das Chakra energetisch ausgeglichen ist) erzeugt einen Energiestrudel und zieht göttliches Licht in unser Energiesystem.

Die Chakren steuern unseren Energiehaushalt auf allen Ebenen des Seins – spirituell, mental, emotional und körperlich. Auf der physischen Ebene versorgen sie den menschlichen Körper mit Vitalität und korrespondieren je nach ihrer Lage mit den entsprechenden Hauptdrüsen, die zu einem Großteil für die Gesundheit des Körpers verantwortlich sind.

Der Zustand der menschlichen Aura, die sich ja aus Mental-, Emotional- und Geistkörper zusammensetzt, hängt von der Klarheit und Schwingungsfrequenz der Chakren ab. Die gute Nachricht: Durch bewusste Lichtarbeit mit den Chakren können wir Körperblockaden, emotionale, aber auch geistige Blockaden lösen.

Je mehr wir uns bewusst erlauben, Licht und Liebe in unser Energiesystem aufzunehmen, desto schneller geht die Heilung unseres Selbst voran und desto klarer und leuchtender erscheint unser Energiefeld in allen Aspekten seiner Strahlkraft. Je mehr die Chakren von mentalen und emotionalen Blockaden gereinigt sind, desto leichter fällt es auch den Erzengeln und Lichtwesen, mit uns zu kommunizieren und zu arbeiten.

Im Zusammenspiel mit den energetischen Kräften der Heilkristalle können wir die Funktion der Chakren »ankurbeln«, wodurch der Prozess der Selbstheilung intensiviert und beschleunigt wird. Wenn die Chakren gesund sind und sich im Uhrzeigersinn drehen, ist der gesamte Energiefluss gewahrt. Anderenfalls spricht man von mentalen, emotionalen oder geistigen Blockaden.

Eine weitere wichtige Voraussetzung für einen effizienten Energiefluss ist gute Erdung. Denn nur wenn wir gut geerdet sind, können die Energien zwischen unserem höchsten Chakra, dem Kronenchakra, und dem niedrigsten, »erdigsten«, dem Wurzelchakra, ungehindert fließen und viel Licht und Liebe aufnehmen.

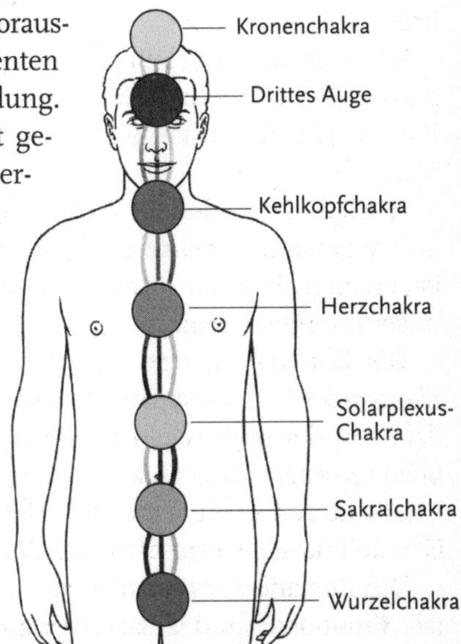

Jedem Chakra ist eine Farbe des Regenbogens zugeordnet. Diese Farben entstehen, wenn sich das weiße, kondensierte Licht des Schöpfers (das alle Farben in sich birgt) beim Eintritt in die Materie bricht und in die sieben Spektralfarben zerfällt. Dabei gilt: je dichter die Materie, desto langsamer sind die Schwingungen des Licht. Daraus er gibt sich auch die farbliche Reihenfolge der einzelnen Chakren (von unten nach oben aufsteigend):

Wurzelchakra: Rot
Sakralchakra: Orange
Solarplexus-Chakra: Gelb
(Diese untersten drei Chakren werden als die niederen angesehen.)
Herzchakra: Grün
Das Herzchakra gilt als Verbindungsglied zwischen den drei niederen Chakren und den drei höheren.
Kehlkopfchakra: Saphirblau
Drittes Auge: Indigoblau
Kronenchakra: Violett

Erzengel, Chakren und Farbfrequenzen

Der folgenden Übersicht kannst du die Zuordnung von Erzengeln, Chakren und den jeweiligen Farbfrequenzen entnehmen.

Dir wird auffallen, dass darin noch die Erzengel Metatron und Raziel vorkommen, deren Energien die der sieben Erzengel der göttlichen Strahlen komplementieren, aber keiner der Hauptträger der sieben göttlichen Strahlen sind (Genaueres in Kapitel: Die sieben göttlichen Strahlen der Erzengel). Damit du etwas mit ihnen vertraut wirst, hier ihre wesentlichsten Aufgaben und Wesenszüge:

Erzengel Metatrons Name bedeutet »Deinem Thron nahestehend«, »Gegenwart oder Angesicht Gottes«. Er gilt als oberster Fürst der Erzengel und steht vor oder hinter dem

Thron Gottes. Metatron ist der einzige Erzengel, der nicht himmlischen Ursprungs ist. Als Prophet Enoch war er auf Erden inkarniert. In der Bibel ist er der »mit Gott Wandelnde«. Sein soll das Licht im brennenden Dornbusch gewesen sein, das Moses vor der Verkündigung der Zehn Gebote sah. Sein Dienst an der Menschheit besteht darin, die spirituelle Evolution, den Prozess der Erleuchtung und den des Aufsteigens in höhere Dimensionen zu bewachen. Er ist für die genaue Führung der himmlischen Bücher, der Chroniken des Lebens auf der kausalen Ebene zuständig und hat deshalb auch die Rolle des Vermittlers zwischen Himmel und Erde inne. Erzengel Metatron ist der Hüter des göttlichen Lichts und des vollkommenen Menschen, der als der Kosmische Christus bezeichnet wird.

Erzengel Raziels Name bedeutet »Geheimnis Gottes«, »Einer, der von Gott ausgesandt wurde«. Raziel ist Erzengel der Verkörperung der Weisheit Gottes und Vermittler der Geheimnisse Gottes. Nach heiliger Überlieferung ist er der Erzengel, der der Welt vom Berg Horeb aus die spirituellen Geheimnisse des Himmels verkündet. Er wacht über Hellsichtigkeit und andere geistige Fähigkeiten und hilft uns, alte religiöse und spirituelle Gelübde und Verträge aufzulösen. Erzengel Raziel ist auch der Erzengel der Intuition und spirituellen Erkenntnis.

Seelenstern (nicht physisch, oft auch als achtes Chakra bezeichnet) – Erzengel Metatron – weißes Licht.
Kronenchakra – Erzengel Zadkiel – violettes Licht.
Drittes Auge – Erzengel Raziel – indigoblaues Licht.
Kehlkopfchakra – Erzengel Michael – saphirblaues Licht.
Herzchakra – Erzengel Raphael – grünes Licht – und Erzengel Chamuel – rosa Licht.
Solarplexus-Chakra – Erzengel Jophiel – gelbes Licht.
Sakralchakra – Erzengel Gabriel – orangefarbenes Licht.
Wurzelchakra – Erzengel Uriel – rubinrotes Licht.

Die sieben Hauptchakren

Über die Chakren wurden schon viele Bücher geschrieben. Daher hier nur das in unserem Zusammenhang Wichtigste:

Wurzelchakra

Sanskrit-Name und Bedeutung: Muladhara-Chakra – Fundament

Position: 1. Chakra, Basis der Wirbelsäule, zwischen Anus und Genitalien

Zugeordnete Drüsen: Keimdrüsen und Nebennierenrinde

Funktion:

Geistig/Emotional: Durchsetzungskraft, Selbstverwirklichung, gesundes Verhältnis zur Materie und Überleben, Sicherheit, Erdung

Physisch: Blut, Knochenmark und Zellaufbau, unterer Teil des Verdauungstraktes, Harnblase, Eierstöcke und Gebärmutter, Hoden und Prostata

Element: Erde

Farbe: rot

Erzengel: Uriel

Stichwort: Aufstieg aus der Materie

Sakralchakra

Sanskrit-Name und Bedeutung: Svadhisthana-Chakra – Wohnstätte des Selbst

Position: 2. Chakra, unterhalb des Bauchnabels

Zugeordnete Drüsen: Nebennieren

Funktion:

Geistig/Emotional: Sinnlichkeit, Freude, Kreativität und emotionale Harmonie

Physisch: Sexualorgane, Keimdrüsen, Nebenniere

Element: Wasser

Farbe: orange

Erzengel: Gabriel
Stichwort: Lebensfreude

Solarplexus-Chakra

Sanskrit-Name und Bedeutung: Manipura-Chakra – Stadt der Juwele
Position: 3. Chakra, oberhalb des Bauchnabels
Zugeordnete Drüsen: Bauchspeicheldrüse
Funktion:
Geistig/Emotional: persönliche Kraft und Stärke, Selbstwertgefühl, Mut, aber auch Zentrum von Existenzangst und Alltagsstress
Physisch: Knochen, Leber, Milz, Galle, Magen und Bauchspeicheldrüse, Muskulatur des unteren Rückenbereichs, vegetatives Nervensystem
Element: Feuer
Farbe: gelb und goldgelb
Erzengel: Jophiel
Stichwort: Freiheit

Herzchakra

Sanskrit-Name und Bedeutung: Anahata-Chakra – ohne Krankheit
Position: 4. Chakra, in der Mitte des Brustbeins
Zugeordnete Drüsen: Thymus- und Nebenschilddrüse
Funktion:
Geistig/Emotional: Offenheit, Mitgefühl, Großzügigkeit und Liebe, Hingabe und Harmonie
Physisch: Herz, Lunge und Brustkorb, Muskulatur des oberen Rückenbereichs, Blutkreislauf und Haut
Element: Luft
Farbe: grün und rosa
Erzengel: Raphael und Chamuel
Stichwort: Liebe

Kehlkopfchakra

Sanskrit-Name und Bedeutung: Visshuda-Chakra – Reinheit
Position: 5. Chakra, Kehlkopf
Zugeordnete Drüsen: Schilddrüse
Funktion:

Geistig/Emotional: Kommunikation, Selbstwert, Selbstachtung und Selbstvertrauen, Spontaneität, Wahrnehmung und Ausdruck der Wahrheit

Physisch: Hals, Nacken und Ohren, Schilddrüse und Kehlkopf, Luft- und Speiseröhre sowie Bronchien, Kiefer und Stimmbänder

Element: Äther
Farbe: saphirblau
Erzengel: Michael
Stichwort: Wahrheit

Das Dritte Auge

Sanskrit-Name und Bedeutung: Ajna-Chakra – Autoritat, Beherrschung, unbegrenzte Kraft
Position: 6. Chakra, Stirnmitte zwischen den Augenbrauen
Zugeordnete Drüsen: Hirnanhangsdrüse
Funktion:

Geistig/Emotional: Intuition, Vision und Hellsichtigkeit, Klarheit und Geisteskraft, spirituelle, emotionale und weltliche Ungebundenheit

Physisch: Kleinhirn und Hirnanhangsdrüse, Augen, Ohren, Nase und zentrales Nervensystem

Element: Licht
Farbe: indigoblau
Erzengel: Raziel
Stichwort: Geistige Klarheit

Kronenchakra

Sanskrit-Name und Bedeutung: Sahasrara-Chakra – tausendblütig

Position: 7. Chakra, Mitte der Schädeldecke, über dem Scheitel

Zugeordnete Drüsen: Zirbeldrüse

Funktion:

Geistig/Emotional: Verbindung mit dem höheren Selbst, göttliche Inspiration, Tor des Bewusstseins und Zugang zu den Geheimnissen auf allen Ebenen des Seins

Physisch: Großhirn und Zirbeldrüse

Element: kosmische Liebe

Farbe: violett

Erzengel: Zadkiel

Stichwort: Erleuchtung

Weitere wichtige Chakren

Über den physischen Bereich hinaus erweitert sich das Chakrensystem auf insgesamt zwölf. Darüber hinaus existieren unzählige Nebenchakren, die in unserem Zusammenhang zu vernachlässigen sind.

In diesem Buch konzentrieren wir uns auf die beschriebenen Hauptchakren sowie mit den Handchakren und den Fußchakren. Sind diese nämlich blockiert, können sie den gesamten Energiefluss im Körper aus dem Gleichgewicht bringen.

Die Handchakren

Auf der geistigen Ebene drücken die Handchakren die Qualität unserer Beziehungen zu unseren Mitschwestern und -brüdern, unser Durchsetzungsvermögen und die Fähigkeit, das Leben »beim Schopf zu packen« aus. Auf der physischen

Ebene sind es wichtige Energiekanäle gechannelter Heilenergie, die zuerst ins Kronenchakra einströmt und dann über das Dritte Auge und das Kehlkopfchakra ins Herzchakra flutet. Von dort bahnt sich die Heilenergie ihren Weg weiter durch die Nebenchakren der Lungen und Bronchien und weiter durch die Nadis (Energiekanäle) bis in die Handchakren. Hier ist die Energie des Lichts und der Liebe letztlich am Ziel der Heilung angekommen und dringt in das Objekt der Heilung ein.

Die Fußchakren

Auf der geistigen Ebene drücken die Fußchakren innere Stabilität und Ausgeglichenheit aus. Auf der physischen Ebene verlieren wir die Erdung, falls unsere Fußchakren blockiert sind, da der Energiefluss der Chakren dadurch unterbrochen wird. Über die Fußchakren sind wir mit der Erde verbunden. Wir nehmen positive Strahlung von dort auf und geben negative Energie, die sich eventuell im Körper angesammelt hat, ab.

Die zwölf göttlichen Strahlen

Dieses Kapitel ist vielleicht etwas schwerer zu verstehen. Trotzdem bitte ich dich, auf den folgenden Seiten bei mir zu bleiben, denn ich umreiße darin eine Geisteslehre, die vieles, wenn nicht alles in der Welt erklärt, auch den Zusammenhang von Menschen, Erzengeln und Kristallen.

Die Lehre von den göttlichen Strahlen ist komplex und bislang noch relativ wenig bekannt. Der Großteil dessen, was wir heute über die Strahlen wissen, wurde durch das Channelmedium Alice Bailey bekannt, die ihre Erkenntnisse von Djwahl Khul, dem »Tibeter«, erhielt. Ich selbst kam schon vor fast zwanzig Jahren mit dieser Lehre in Kontakt, als ich mich in London bei der Nationalen Föderation der spirituellen Heiler in London, (National Federation of spiritual Healers NFSH) zur Heilerin ausbilden ließ.

Alice Baileys Mitteilungen haben mich sofort fasziniert, denn sie entsprachen genau »meiner Wahrheit«. Und ich war dem Universum unendlich dankbar, dass ich diese spirituellen Realitäten erforschen durfte.

Ich präsentiere dir im Folgenden eine aufs Einfachste reduzierte Kurzfassung. Falls du die Lehre von den Strahlen intensiver studieren möchtest, empfehle ich dir, dich eingehend mit dem Werk Alice Baileys zu befassen. Ihre Bücher liegen auch auf deutsch vor.

Versuch einer Definition

Unter göttlichen Strahlen verstehen wir die Aufschlüsselung der universellen Lichtsubstanz, der Energie Gottes, der Quelle der Liebe und des Lichts. In der Geisteslehre der zwölf göttlichen Strahlen wird angenommen, und ich schließe mich dieser Auffassung an, dass alle Materie aus dieser Lichtquelle, die wir Vater/Mutter Gott nennen, entstanden ist. Diese Lichtsubstanz vibriert auf der allerhöchsten Stufe. Und alle weiteren Manifestationen, die aus ihr entspringen, verdichten sich und schwingen auf niedrigeren Energiefrequenzen.

Sieben göttliche Strahlen markieren die Schöpfung und verkörpern sieben verschiedene Kräfte Gottes. Sieben Eigenschaften und Fähigkeiten, die ihrerseits einen siebenfachen Effekt auf die Materie des Universums ausüben, das von diesen Strahlen der Liebe und des heiligen himmlischen Lichts durchflutet wird.

Am Anfang waren es sieben göttliche Strahlen. Weitere fünf wurden der Erde 1970 von Gott geschenkt. Diese besitzen eine höhere Schwingungsrate und setzen sich aus den ersten sieben Strahlen sowie aus weißem Licht von der Quelle des Seins zusammen, das diesen Strahlen leuchtende Qualität verleiht.

Die spirituelle Anatomie des Menschen

Alle Seelen, die auf dieser Erde weilen, setzen sich feinstofflich aus sechs göttlichen Strahlen zusammen, denn jedem Teil unseres heiligen und unseres niederen Selbst ist ein göttlicher Strahl mit spezifischen Aspekten, Kräften und Fähigkeiten zugeordnet. Die spirituelle Anatomie des Menschen besteht aus den folgenden Bestandteilen:

- Monade (die letzte unteilbare Einheit, der Urgrund des Seins)

- Seele
- Persönlichkeit (abgeleitet vom griechischen Wort *persona* für Maske)
- Geist
- Emotionen
- Physischer Leib

Auf unserem spirituellen Pfad versuchen wir (wenn auch zum Großteil ganz unbewusst), uns die uns fehlenden Energien und Qualitäten der göttlichen Strahlen anzueignen, um unseren göttlichen Eigenschaften reineren Ausdruck verleihen zu können. Wir können die feinstofflichen Energien der göttlichen Strahlen jedoch auch bewusst in unser Energiefeld integrieren.

Aktivierung und Integration der zwölf göttlichen Strahlen

Lies dir die folgende Liste der zwölf göttlichen Strahlen mit aufgeschlossenem Geist und offenem Herz durch und bitte die Erzengel, dir mitzuteilen, welchen Strahl du in diesem Moment besonders benötigst. Die Antwort erhältst du über deine Intuition. Die Engel werden dir eine Eingebung oder ein physisches Zeichen geben, sobald du die richtige Wahl getroffen hast. Wenn du »deinen« Strahl ermittelt hast, dann behandle den Text, der ihn beschreibt, als positive Affirmation. Wiederhole diese so lange (rein mental oder auch laut), bis du eine Veränderung deines Energiefeldes bemerkst. Aber Vorsicht: Solche Lichtprozesse können dauern. Verlier nicht die Geduld.

Djwahl Kuhl unterteilte in seinen Durchsagen an Alice Bailey die sieben Hauptstrahlen in zwei Kategorien, die Strahlen der Aspekte und die Strahlen der Eigenschaften; die übrigen fünf werden oft als die höheren Strahlen bezeichnet.

Die 3 göttlichen Strahlen der Aspekte

1. Strahl der Macht, des Willens oder Absicht/Intention
2. Strahl der Liebe und Weisheit
3. Strahl der aktiven, kreativen Intelligenz, Schöpfungskraft

Die 4 göttlichen Strahlen der Eigenschaften

1. Strahl der Harmonie durch Konflikt, Schönheit und Kunst
2. Strahl der konkreten Wissenschaft oder universalen Kenntnisse
3. Strahl des abstrakten Idealismus oder der Hingabe
4. Strahl der zeremoniellen Ordnung, Magie, Ritual oder Organisation

Die 5 höheren Strahlen

1. Strahl der Reinigung – zusammengesetzt aus: Gotteslicht + Strahlen 4, 5 und 7
2. Strahl der Freude – zusammengesetzt aus: Gotteslicht + Strahlen 1 und 2
3. Strahl der Integration des Lichts der Monade, Realisation der perfekten Göttlichkeit – zusammengesetzt aus: Gotteslicht + Strahlen 1, 2 und 3
4. Strahl der Überbrückung in das Goldene Zeitalter – zusammengesetzt aus: Gotteslicht + Strahlen 1, 2 und 5
5. Goldener Strahl des Neuen Zeitalters – eine Kombinationen aller anderen Strahlen + Gotteslicht + höheres Christusbewusstsein

Die göttlichen Strahlen und die Dimensionen des Seins

Die verschiedenen Dimensionen des Seins in diesem Universum werden ebenfalls von den göttlichen Strahlen gelenkt, beeinflusst und durchströmt. Die folgende Aufstellung gibt Einblick:

Strahl I:	Macht und Willen	Dimension der Gottheit
Strahl II:	Liebe und Weisheit	Dimension der Monade
Strahl III:	Aktive, kreative Intelligenz	Dimension des Geistes, Atma
Strahl IV:	Harmonie durch Konflikt	Dimension der Intuition
Strahl V:	Konkretes Wissen	Mentale Dimension
Strahl VI:	Idealismus, Hingabe	Astrale Dimension
Strahl VII:	Zeremonielle Ordnung	Physische Dimension/Erde

Etwas ausführlicher wollen wir uns später noch mit dem Strahl VII befassen, der die Entwicklung des Reichs der Mineralien direkt beeinflusst.

Auf unserem Planeten gibt es vier Naturreiche, die evolutionär miteinander verbunden sind. Die höchste Entwicklungsstufe ist der Mensch. Unter Entwicklung verstehen wir in unserem Zusammenhang das Anwachsen und die Vergrößerung des göttlichen Funkens, der der Materie innewohnt und in ihr verborgen schlummert. Daher gilt: Je höher die Stufe der Evolution, desto mehr göttliches Licht und göttliche Liebe ist in der Materie enthalten.

Dieser Prozess nimmt seinen Anfang im Reich der Mineralien und entwickelt sich dann immer weiter durch die anderen Reiche der Natur bis letzthin zur höchsten Entwicklungsstufe des Bewusstseins auf dieser Erde, dem Menschen. Dem Menschen ist das höchste göttliche Potenzial gegeben. Es ist an jedem von uns, es zu entwickeln und voll auszuschöpfen.

4. Das Reich der Menschen

⇧

3. Das Reich der Tiere

⇧

2. Das Reich der Pflanzen

⇧

1. Das Reich der Mineralien

Diese Naturreiche stehen unter dem Einfluss der sieben göttlichen Strahlen, die in bestimmten Phasen der Evolution unseres Planeten aktiver sind als in anderen. Erinnere dich: Das Universum – Gott, die Engel und Erzengel, Lichtwesen, Aufgestiegenen Meister sowie Mutter Erde mit den dazugehörigen Elementarwesen – entwickelt sich unablässig weiter und strebt immer höhere Dimensionen der Anreicherung mit Licht und Liebe an.

Der siebte göttliche Strahl und das Reich der Mineralien und Heilkristalle

Der siebte göttliche Strahl ist der Strahl der zeremoniellen Ordnung, zuständig für Erschaffung und Aufbau der materiellen Form. Dieser Strahl ist es auch, der das Reich der Mineralien und Heilkristalle am meisten beeinflusst. Unterstützt wird er vom ersten Strahl, dem göttlichen Strahl des Willens und des Zweckes.

Da das Universum aus Lichtmaterie besteht, ergeben sich im ewig währenden Prozess der Schöpfung Myriaden verschiedener geometrischer Lichtmuster, die sich auf den verschiedenen Stufen der Evolution zu unterschiedlichen Formen von Materie verdichten.

Die sieben göttlichen Strahlen gestalten ganz bestimmte Lichtmuster, die uns helfen, sie zu erkennen und genauer zu bestimmen.

Der erste Strahl wirkt durch die Qualität der Geometrie, gekoppelt mit der des göttlichen Willens und der Intention, auf das Reich der Mineralien und Heilkristalle ein. Um dieses etwas besser zu illustrieren, folgt eine Liste mit den Formen der sieben göttlichen Strahlen:

Strahl I:	**Gerade Linie** fokussierte Intention, zielstrebig, vorwärtsgerichtet
Strahl II:	**Kreis** allumfassend, in sich bergend
Strahl III:	**Stufenförmig** aufwärtsgerichtet
Strahl IV:	**Fortbewegende Kurve** voran fließend
Strahl VI:	**Verbundene Quadrate** genau geordnet
Strahl VII:	**Flamme und Krone** Transformation

Das Reich der Mineralien ist die Basis der weiteren Evolution auf Gottes Erde; denn jede der geometrischen Kristallformen birgt und speichert den heiligen Willen und Plan Gottes – die Einwirkung des ersten Strahls

In unserer Lichtarbeit genießen wir unter Mithilfe der Erzengel das Privileg, kraft unserer Intuition, kraft der Energien des Lichts und der bedingungslosen Liebe an der Heilung unseres Selbst und aller anderer Naturreiche mitzuwirken.

Die sieben göttlichen Strahlen der Erzengel

Die Erzengel, ihre weiblichen Entsprechungen und die Aufgestiegenen Meister arbeiten alle zusammen mit den sieben göttlichen Strahlen im Dienste der Menschheit und der Entwicklung des Universums. Sie verkörpern und verwirklichen die verschiedenen Aspekte, Eigenschaften und Realitäten der einzelnen göttlichen Strahlen und stehen uns als himmlische Kanäle und Katalysatoren des göttlichen Lichts und der göttlichen Liebe frei zur Verfügung.

Die Aufgestiegenen Meister kommunizierten in der Neuzeit, 1950, mit Mark und Elizabeth Prophet, die auch die Zugehörigkeit der Meister und Engel zu den göttlichen Strahlen channelten. In meiner langjährigen Arbeit mit den Engeln und Aufgestiegenen Meistern konnte ich mich selbst von diesen Verbindungen überzeugen. Daher führe ich sie hier auf.

Strahl I:	Erzengel Michael, Lady Faith und Meister El Moyra, Farbe blau
Strahl II:	Erzengel Jophiel, Lady Christine und Meister Kuthumi, Farbe gelb
Strahl III:	Erzengel Chamuel, Lady Charity und Meister Serapis Bey, Farbe rosa
Strahl IV:	Erzengel Gabriel, Lady Hope und Meister Veronese, Farbe orange
Strahl V:	Erzengel Raphael, Lady Maria, die Mutter Jesu und Meister Hilarion, Farbe grün
Strahl VI:	Erzengel Uriel, Lady Aurora und Meister Sananda, Farbe rubinrot
Strahl VII:	Erzengel Zadkiel, Lady Holy Amethyst und Meister St. Germain, Farbe violett

Wie es aus dieser Aufstellung hervorgeht, ist es Erzengel Zadkiel, der mit dem siebten göttlichen Strahl arbeitet und daher das Reich der Mineralien und Heilkristalle hegt, pflegt, behütet und innig mit ihm verbunden ist.

Bei unserer Lichtarbeit mit den Heilkristallen steht er uns zur Seite und wird uns wohl auch in der Zukunft noch neue, lichtvollere Wege der Heilungsarbeit mit dem Reich der Mineralien übermitteln.

ZWEITER TEIL

Das Reich der Kristalle

Die Heilkraft der Kristalle

Kristalle verbinden uns mit dem Ursprung des Seins, den Urkräften des Universums, die vor Milliarden von Jahren freigesetzt wurden. Erschaffen vom siebten göttlichen Strahl der zeremoniellen Ordnung und kombiniert mit dem ersten göttlichen Strahl der Macht, des Zweckes und des Willens, bilden Kristalle und Mineralien die Grundfesten unserer Mutter Erde. Sie sind die älteste Materie auf dem Erdball, die den göttlichen Funken in sich birgt: In jedem auch noch so kleinen Kristall existiert ein Elementarwesen, ein Kristalldeva, der ihn beschützt, behütet und seine ätherische Blaupause bewacht.

Mit diesen feinstofflichen Wesenheiten kommunizieren wir, um die Kraft der Kristalle für unsere Heilung und die anderer auf allen Ebenen des Seins optimal ausschöpfen zu können. Je mehr wir uns aus dem Herzen heraus auf die Heilsamkeit der Steine einstellen, desto harmonischer werden unsere Schwingungsmuster und umso leichter können wir mit den perfekten Energien des Reiches der Kristalle kommunizieren und arbeiten. Liebe und Dankbarkeit sind die Schlüssel, die uns die Tore öffnen werden.

Historische Hintergründe

Die Heilkraft der Kristalle wurde schon vor Tausenden von Jahren erkannt und eingesetzt (nach esoterischer Überlieferung erstmals in Atlantis, die missbräuchliche Nutzung der Kristallkraft hat maßgeblich zum Untergang dieser hoch entwickelten Zivilisation beigetragen).

Die ersten überlieferten Berichte über Kristallheilungen sind mehr als viertausend Jahre alt und stammen aus Sumer. Zur selben Zeit wurden Edelsteine aber auch schon in China zu Heilzwecken eingesetzt, ebenso in Assyrien und Ägypten. Vor allem im alten Ägypten war zeremonieller Schmuck aus Edelsteinen sehr gefragt, eine Tradition, die sich beispielsweise in der katholischen Kirche fortsetzt. So trägt der Papst bis heute als Symbole der Macht Kopfschmuck und einen goldenen Ring, die mit großen Rubinen besetzt sind. Auch Schreine und Altäre sind mit glänzenden Edelsteinen verziert, um symbolisch die Herrlichkeit Gottes auszudrücken. Und in den Königshäusern dieser Welt demonstrieren der Prunk und die strahlenden Energien der prächtigen Kronjuwelen für alle sichtbar den Herrschaftsanspruch des Regenten.

Doch zurück zur Medizin. Im uralten indischen Heilsystems des Ayurveda werden bis zum heutigen Tag Elixiere, Pulver und Pasten aus gemahlenen Edelsteinen verwendet. Dasselbe gilt für die berühmte tibetische Heilmedizin. Detaillierte Anweisungen zur Herstellung von Edelsteinmixturen sind auch aus dem ersten Jahrhundert nach Christus aus Rom überliefert. Viele Mythen berichten von der Heilkraft der Kristalle; Heiler, Schamanen und Medizinmänner verwenden sie auch heute noch für Heilungen, Zeremonien und Rituale. Kristall-Amulette wurden häufig getragen, um ihre Besitzer vor bösen Geistern zu beschützen. Im frühen Mittelalter befasste sich vor allem Hildegard von Bingen mit der heilenden Kraft der Kristalle. Sie ging davon aus, dass in bestimmten Steinen die göttlichen Kräfte der Heiligen Dreifaltigkeit verborgen sei und der Mensch sie zur Heilung, zum Schutz und zur Energieaufnahme nützen könne.

In der heutigen Zeit werden Kristalle, vor allem Quarze, vielfach im schulmedizinisch-diagnostischen Bereich eingesetzt, sie sind aber auch aus der modernen Technik nicht mehr wegzudenken (siehe Quarzuhren, Computer, Radios und andere Geräte).

Alles strebt nach Harmonie

Wir sind alle EINS, und das ganze Universum besteht aus Licht, das die verschiedenen Ebenen der Materie mit den Schwingungsfrequenzen der bedingungslosen göttlichen Liebe verbindet. (Diese göttliche Wahrheit wurde vor gar nicht allzu langer Zeit durch die Quantentheorie wissenschaftlich bestätigt. Ein gutes Zeichen: Physik und Metaphysik werden in diesem Jahrhundert bestimmt noch näher zusammenfinden. Dann kann das Goldene Zeitalter wirklich und wahrhaftig beginnen.)

Somit ist das Reich der Kristalle durch die Lichtfrequenz der göttlichen Liebe aufs Innigste mit dem Reich der Pflanzen, dem Reich der Tiere, dem Reich der Menschen und dem Reich der Erzengel und Lichtwesen verbunden. Durch die Herstellung eines harmonischen Gleichgewichts dieser Reiche mit unserem menschlichen Selbst fördern wir unser natürliches Wohlbefinden. In diesem Prozess der planetarischen Harmonierung und der Gesundung des Menschen spielt die Heilkraft der Kristalle eine große Rolle. Das ist auch der Grund, weshalb die Heilkristallkunde in unserer Zeit eine wahre Renaissance erlebt.

Alle Krankheiten, egal, auf welcher Ebene des Seins sie auftreten, werden ursächlich von Blockaden in den feinstofflichen Körpern (Seele, Geist, Emotionen) ausgelöst. Wenn wir diese Blockaden nicht heilen und auflösen, kommt der gesamte Energiehaushalt des Menschen aus dem Gleichgewicht. Derartige Disharmonien rufen zunächst mentale und emotionale Störungen hervor und manifestieren sich schließlich als körperliche Symptome. Wenn wir ihre Ursache finden und beheben, verschwinden auch die Symptome wieder, denn ihr Sinn besteht immer nur darin, uns Informationen zu geben. Die Heilkräfte der Kristalle helfen das ursprüngliche Gleichgewicht wiederherzustellen.

Jeder Kristall ist aufgrund seiner Struktur energetisch stabil. Er hat sein eigenes, unfehlbares und gleichbleibendes Energiemuster (das sogenannte Kristallgitter), das je nach der Art des Steins auf seiner individuell eigenen Lichtfrequenz schwingt.

Die moderne Forschung hat herausgefunden, dass die Gitterschwingungsenergie von Edelsteinen im Biofrequenzbereich unserer Körperzellen liegt. Wenn wir nun die stabile Energie der Kristalle mit dem instabilen Energiemuster eines kranken Organismus in Verbindung bringen, strahlt der Kristall seine positiven Schwingungen auf den kranken Organismus aus, und das wirkt auf den gesamten Energiehaushalt des Patienten heilend, regenerierend und stabilisierend.

Kristallheilung wird heutzutage meistens durch Auflegen eines Edelsteins auf die Haut (das größte Organ des Menschen) praktiziert. Denn alle Reize, die dort ausgeübt werden, leiten sich elektromagnetisch sofort an die inneren Organe weiter. Mit anderen Worten: Wenn wir den passenden Edelstein auf die Haut auflegen, arbeiten seine Strahlungen nicht nur im äußeren Bereich des menschlichen Körpers, sondern wirken sich auch auf die Organe und den gesamten Organismus heilend aus.

Die Heilkraft der Kristalle kann Schmerzen lindern, kühlen, wärmen, regenerieren, harmonisieren und ist in der Lage, unsere geistigen, mentalen, emotionalen und körperlichen Batterien aufzuladen. Je länger wir uns ihr aussetzen, desto intensiver ist die Wirkung. (Ein guter Grund, Edelsteinschmuck zu tragen.)

Als spirituelle Heilerin und Therapeutin arbeite ich schon seit fast zwanzig Jahren mit Kristallen und hatte bereits mehrfach das Privileg, Zeuge »wundersamer« Heilungen zu werden. Ich bin Mutter Gaia und dem Reich der Kristalle ewig dankbar für ihre Liebesdienste an der Menschheit und erfreue mich täglich an den leuchtenden Kristallen, die mich durch mein Leben begleiten.

Kleine Heilkristallkunde

Wie Kristalle entstehen

Das Wort »Kristall« ist aus dem griechischen *krystallos* hergeleitet und bedeutet »Eis«. Denn als in grauer Vorzeit in den vereisten Alpen Bergkristalle gefunden wurden, nahm man zunächst an, sie seien aus Eis, das aufgrund der langen Kälte nicht mehr schmolz. Dieser Irrtum klärte sich – wenn auch erst Jahrhunderte später – auf, aber der Begriff blieb.

Kristalle gehören zu den Mineralien. Um deren Entstehung wenigstens annähernd verstehen zu können, müssen wir uns an die geologische Struktur der Erde erinnern, die im Wesentlichen aus drei Schichten besteht:

- **Die Erdkruste**, welche unter den Ozeanen nur acht Kilometer dick ist und unter dem Himalaja bis auf neunzig Kilometer ansteigt. Alles in allem macht die Erdkruste nur ein halbes Prozent der Gesamtmasse unseres Planeten aus.
- **Der Erdmantel**, auf dem die dünne Erdkruste schwimmt. Er ist etwa zweitausendneunhundert Kilometer dick und bildet annähernd siebzig Prozent der Erdmasse. Der Erdmantel besteht aus Magma (heißer, flüssiger Gesteinsmasse).
- **Die beiden Erdkerne**, die erst sehr wenig erforscht sind. Man nimmt jedoch an, dass der äußere Kern aus flüssigem Eisen und Nickel besteht, der innere aus Eisen.

Zur Erklärung der Entstehung von Mineralien unterscheidet die zuständige Wissenschaft, die Mineralogie, die folgenden drei Bildungsprinzipien:

1. Das primäre Bildungsprinzip: Das heiße Magma enthält unter anderem mineralreiche Gase, aufgrund der enormen Hitze in flüssiger Form. Wenn das Magma durch die Erdkruste an die Erdoberfläche gerät und abkühlt, beginnen sich gewisse Stoffe des Magmas abzusondern. Handelt es sich bei der so entstehenden Masse um einen einheitlichen Stoff, spricht man von einem Mineral; ist das Endprodukt ein Gemisch unterschiedlicher Materialien, nennt man es Gestein. Welche Mineralien im Einzelnen entstehen, hängt von der Konsistenz des Magmas ab (die nicht überall gleich ist), aber auch von anderen Faktoren, wie etwa Temperatur und Druck. Die meisten Edelsteine verdanken ihre Existenz diesem primären Bildungsprinzip.

2. Das sekundäre Bildungsprinzip: An der Erdoberfläche kommen die Kräfte der Natur, wie Wind und Regen, zum Tragen, die eine Erosion des entstandenen Gesteins verursachen. Im Laufe unvorstellbar langer Zeiten werden auf diese Weise ganze Gebirgszüge abgetragen und weggespült, um sich an anderer Stelle neu zu formieren. Das so entstandene Gestein wird als Sedimentgestein bezeichnet. Kristalle, die sich darin bilden, sind häufig von weicher Konsistenz, da sie während ihres Wachstums weder hohem Druck noch großer Hitze ausgesetzt sind. In diese Kategorie fallen zum Beispiel die Kalzite, die in vielen verschiedenen Farben auftreten, aber auch der Halit, das Bergsalz, das der Stadt Salzburg ihren Namen gab.

3. Das tertiäre Bildungsprinzip: Unter hohem Druck und der Einwirkung von Wasser ändern bereits vorhandene Mineralien ihre Form. Beispiele hierfür sind Granate und Marmor.

Chemische Zusammensetzung

Nach ihrer chemischen Zusammensetzung und Kristallstruktur werden Mineralien in die folgenden neun Klassen unterteilt:

1. **Elemente:** Unter dem Fachausdruck »gediegenen Elemente« versteht man Mineralien, die in der Natur in freier, ungebundener Form vorkommen. Hierzu zählen 18 Metalle und fünf Nichtmetalle.
   Beispiele: Kupfer, Silber, Gold, Eisen, Schwefel, Graphit und Diamant.
2. **Sulfide und Sulfosalze:** Verbindungen aus Schwefel, Selen, Tellur, Arsen, Antimon und Bismut. Diese Kategorie umfasst etwa 600 Mineralien.
   Beispiele: Bleiglanz, Pyrit, Zinkblende und Zinnober.
3. **Halogenide:** Aus der Verbindung mit den Halogenen Fluor, Chlor, Brom oder Iod mit Kationen wie Natrium oder Kalzium gehen etwa 140 verschiedene Halogenide hervor.
   Beispiele: Fluorit, Halit und Salmiak.
4. **Oxide und Hydroxide:** Aus der Verbindung von Metallen oder Nichtmetallen mit Sauerstoff oder Hydroxylgruppen entstehen die etwa 400 Oxide bzw. Hydroxide.
   Beispiele: Amethyst, Aventurin, Bergkristall, Chrysoberyll, Achat, Rauch- und Rosenquarz, Saphir, Citrin, Rubin, Tigerauge, Opal und Jaspis.
5. **Karbonate, Nitrate, Borate:** Hierzu zählen die Salze der Salpetersäure, der Kohlensäure und der Borsäure.
   Beispiele: Aragonit, Azurit, Magnesit, Dolomit, Calcit, Malachit und Borax.
6. **Sulfate, Selenate, Tellurate, Chromate, Molybdate, Wolframate:** Hierbei handelt es sich um die Salze der Schwefelsäure, Chromsäure, Molbydänsäure. Diese relativ große Gruppe umfasst etwa 700 Mineralien.
   Beispiele: Gips, Apatit, Türkis, Wulfenit und Wolframit.

7. **Phosphate, Arsenate, Vanadate:** Zu dieser Gruppe gehören Phosphor, Vanadium und Arsen.
   Beispiele: Türkis, Adamin, Celestine und Berlinit.
8. **Silikate:** Die Silikate mit ihren vielen gesteinsbildenden Mineralien stellen eine sehr große Klasse dar.
   Beispiele: Zirkon, Topas, Beryll, Amazonit, Lapislazuli, Meerschaum, Serpentin und Granat.
9. **Organische Minerale:** Hierzu zählen unter anderem Salze organischer Säuren, stickstoffhaltige Verbindungen und Harze.
   Beispiele: Perlen, Amber, Alabaster, Koralle, Moldavit, Obsidian, Onyx-Marmor.

Was sind eigentlich Kristalle?

Ein Kristall ist die natürliche Form eines Minerals und ist von regelmäßig angeordneten, ebenen, glänzenden Flächen begrenzt. Die Form der verschiedenen Kristalle ist von der inneren Struktur abhängig, die die äußere präzise geometrische Form (das Kristallgitter) bestimmt. Daher sind beispielsweise die bekannten Swarovski-Kristalle zwar hübsch anzusehen, keinesfalls aber Kristalle im eigentlichen Sinne. Sie sind künstlich hergestellt und bestehen aus geschliffenem Bleiglas.

Im Unterschied dazu sind sowohl Edel- als auch Halbedelsteine Kristalle. Geschliffen bezeichnen wir sie als Juwelen.

Die begriffliche Abgrenzung von Edel- und Halbedelsteinen ist nicht eindeutig zu treffen; grob kann man jedoch sagen, dass Diamanten, Rubine, Saphire und Smaragde als Edelsteine gelten. Die Liste der Halbedelsteine ist sehr viel länger. Dazu gehören etwa Malachit, Türkis, Beryll, Granat, Obsidian, Amethyst, Zitrin, Topaz, um nur einige zu nennen.

Für unsere Arbeit mit dem Reich der Kristalle verwenden wir alle Mineralien, mit denen wir uns intuitiv verbunden fühlen.

Die meisten bekannteren Kristalle/Minerale kann man anhand ihrer Form, Farbe und des Härtegrades identifizieren. In spezifischen Fällen sollte man jedoch auf intensiviere Prüfungen, wie zum Beispiel chemische Analysen, optische Tests oder Röntgenstrukturuntersuchungen, zurückgreifen. Daher empfehle ich, Edelsteine nur beim Fachhändler zu erwerben.

Beim Kauf von Halbedelsteinen und Heilsteine sollte man sich dagegen ganz auf die Intuition verlassen.

Die wichtigsten Eigenschaften

- **Farbe:** hängt von der chemischen Substanz des Kristalls/Minerals ab.
- **Strichfarbe:** wird auf einem unglasierten Keramikblättchen geprüft und unterscheidet sich oft von der Färbung des Kristalls/Minerals.
- **Glanz:** Je nachdem, wie Licht an der Oberfläche eines Kristalls/Minerals reflektiert oder absorbiert wird, ergibt sich sein bestimmter Glanz.
- **Transparenz:** Viele Kristalle/Minerale lassen Licht vollkommen durch, wie der Bergkristall, andere (beispielsweise der Rosenquarz) werden als opak (undurchsichtig) bezeichnet.
- **Dichte:** hängt von der Struktur und chemischen Zusammensetzung des Kristalls/Minerals ab.
- **Härte:** wird von der Stabilität der chemischen Bindungen im Mineral/Kristall bestimmt und durch ihre Ritzbeständigkeit ermittelt.
- **Spaltbarkeit:** Ein Kristall/Mineral kann an den Stellen gespalten werden, an denen die verschiedenen Ebenen des Steins strukturell nur schwach verbunden sind. Quarz hat

beispielsweise keine Spaltebenen, der Calcit dagegen sogar drei – entsprechend leicht spaltbar ist er.

- **Bruchverhalten:** Falls ein Kristall/Mineral nicht entlang seiner Spaltebenen bricht, treten charakteristische Bruchstrukturen auf, wie zum Beispiel der muschelige Bruch von Dolomit.
- **Lumineszenz:** beschreibt die verschiedenen Arten des Aufleuchtens der Kristalle/Minerale.
- **Magnetismus:** Man unterscheidet Minerale, die sich selbst anziehen; welche, die von Magneten angezogen werden, und schließlich neutrale. Nähere Auskunft erteilt ein Kompass.
- **Zähigkeit:** bezeichnet die Sprödigkeit, Dehnbarkeit und Elastizität von Mineralen und Kristallen.
- **Flammenfärbung:** Um die Echtheit eines Edelsteins zu prüfen, kann man eine Flammenprobe verwenden, welche die chemische Zusammensetzung des Edelsteines aufweist.
- **Radioaktivität:** Die Strahlenmessung erfolgt mit einem Geigerzähler.
- **Schmelzbarkeit:** beschreibt das Verhalten von Kristallen/Mineralien in der Schmelzreaktion.

Wie gesagt: Ich persönlich kaufe Edelsteine ausschließlich im Fachhandel. Nicht zuletzt, weil man heutzutage synthetische Steine mit bloßem Auge kaum mehr von natürlichen unterscheiden kann. Eine Orientierungshilfe gibt es aber trotzdem: Der Wiener Mineraloge Friedrich Mohs entwickelte vor dreihundert Jahren einen Ritztest, anhand dessen man die Härte eines Materials bestimmen kann. Hier seine Härteskala:

Härte	*Mineral*	*Einfacher Härtetest*
1	Talk	mit dem Fingernagel ritzbar
2	Gips, Steinsalz	mit dem Fingernagel ritzbar
3	Kalkspat	mit einer Kupfermünze ritzbar
4	Fluorit	leicht mit Messer ritzbar
5	Apatit	mit Messer ritzbar
6	Feldspat	mit Glas ritzbar
7	Quarz	ritzt Fensterglas
8	Topas	ritzt Fensterglas
9	Rubin	ritzt Fensterglas
10	Diamant	ritzt die oben angegebenen Kristalle

Farbe, Form und Energie

Farben und ihre Aussagekraft

Weißes Licht ist eine Zusammensetzung aller Spektralfarben – rot, orange, gelb, grün, blau, indigoblau und violett –, den Farben des Regenbogens. Die Farbe eines Gegenstands ergibt sich daraus, welche er nicht absorbiert. Wird das Farbband blau/grün/violett absorbiert, dass wir das betreffende Objekt als rot oder orange wahrnehmen.

Jede Farbe hat ihre eigene Frequenz, Wellenlänge und klar definierte Energie. Einfach ausgedrückt ist das höchste Energieniveau das violette Ende des Spektrums.

Weißes Licht besteht, wie gesagt, aus etwa den gleichen Mengen von Rot, Orange, Gelb, Grün, Blau, Indigoblau und Violett.

Wenn wir in unserer Heilungsarbeit mit weißem Licht arbeiten, arbeiten wir energetisch mit der höchsten Energie, die oft für verschiedene Beschwerden zu harsch ist. Daher verwendet man meist die Goldene Christus-Energie, eine sanftere, weichere universelle Heilenergie.

Die Farbigkeit von Mineralien

Technisch ausgedrückt ist Licht elektromagnetische Strahlung verschiedener Wellenlänge. Und wie bei allen anderen Dingen auch entsteht die Farbe eines Minerals durch Absorption bestimmter Teile des Farbspektrums.

Welche Farbe wir wahrnehmen, hängt entscheidend von der Beleuchtung ab. Daher wechseln manche Kristalle in unterschiedlichem Licht scheinbar die Farbe. So wirkt der Alexandrit beispielsweise bei Tageslicht grün und bei künstlicher Beleuchtung rot.

Kristallsysteme und ihre metaphysische Bedeutung

Der Aufbau des Universums folgt exakten mathematischen Formen. Man spricht in diesem Zusammenhang auch von göttlicher Geometrie. Diese entspricht dem ersten göttlichen Strahl des Willens und des Zweckes und dem siebten göttlichen Strahl der zeremoniellen Ordnung. Ihr unterliegen alle mathematischen Grundstrukturen, wie sie sich auch im Strang der DNA, in den Molekülen einer Schneeflocke, im Kristallgitter eines Heilsteines, aber auch in der musikalischen Dynamik niederschlagen.

Eines der bekanntesten Beispiele der heiligen Geometrie ist die Form der Pyramide. In einer Vielzahl von Experimenten wurden wundersame Dinge beobachtet, die geschahen, wenn Dinge in den Wirkkreis einer Pyramide (aus Draht oder anderen Materialien) gelegt wurden. So fand man zum Beispiel heraus, dass sich Lebensmittel (auch Fleischprodukte) tagelang frisch hielten oder Messerklingen wie von selbst wieder scharf wurden.

In unserem Zusammenhang sollten wir nie vergessen, dass die Heilkraft, aber auch Form und Farbe der Kristalle auf ihrem geometrischen Gittermuster beruht.

Die im Folgenden aufgeführten metaphysischen Eigenschaften der jeweiligen Formen sind absichtlich allgemein gehalten, da die einzelnen Kristalle darüber hinaus natürlich noch zahlreiche weitere signifikante Heilwirkungen aufweisen.

Kubische Kristalle

- **Geometrische Form:** Ein Kristall ist kubisch, wenn er mindestens zwei dreizahlige Drehachsen aufweist. Alle drei Achsen des Achsenkreuzes sind gleich lang und schneiden sich im rechten Winkel.

- **Metaphysische Eigenschaften:** Kristalle, die diesen Aufbau besitzen, sind hervorragende strukturelle »Tiefenheiler«.
  Beispiele: Diamant, Pyrit, Granat, Fluorit, Sodalith, Lapislazuli und Rhodonit.

Tetragonale Kristalle

- **Geometrische Form:** Ein Kristall ist tetragonal, wenn er eine einzige vierzahlige Drehachse aufweist. Die zwei Achsen des Achsenkreuzes sind gleich lang, die dritte ist länger oder kürzer, doch alle schneiden sich im rechten Winkel.
- **Metaphysische Eigenschaften:** Kristalle dieser Struktur helfen, das seelische, emotionale und physische Gleichgewicht wiederherzustellen.
  Beispiele: Wulfenit, Zirkon, Idokras, Rutilquarz.

Hexagonale und trigonale Kristalle

- **Geometrische Form:** Ein Kristall ist hexagonal, wenn er eine sechszahlige Drehachse aufweist, und trigonal, wenn er eine dreizahlige Drehachse aufweist. Die drei gleich langen Achsen des Achsenkreuzes liegen in einer Ebene und schneiden sich unter 120 Grad, die vierte Achse ist ungleich und steht senkrecht auf dieser Ebene.
- **Metaphysische Eigenschaften:** Hexagonale Kristalle sind die Kristalle der Selbstheilung und Selbstfindung, trigonale Powerkristalle, die unsere lehren Batterien aufladen.
  Beispiele hexagonaler Kristalle: Aquamarin, Beryll, Koralle, Smaragd und Quarz.
  Beispiele trigonaler Kristalle: Amethyst, Aventurin, Kalzit, Citrin, Hämatit, Jaspis, Moosachat, Magnesit, Bergkristall, Rosenquarz, Rubin, Saphir, Rauchquarz, Tigerauge, Turmalin und Rubin.

Orthorhombische Kristalle

- **Geometrische Form:** Ein Kristall ist orthorhomisch, wenn er von vier Rhomben begrenzt ist. Alle drei Achsen des Achsenkreuzes sind unterschiedlich lang und schneiden sich im rechten Winkel.
- **Metaphysische Eigenschaften:** Dies sind die Kristalle der inneren und äußeren Reinigung.
  Beispiele: Topas, Chrysoberyll, Purpurit und Tanzanit.

Monokline Kristalle

- **Geometrische Form:** Ein Kristall ist monoklin, wenn er nur eine zweizahlige Drehachse und/oder nur eine Symmetrieebene aufweist. Alle drei Achsen des Achsenkreuzes sind verschieden lang und zwei davon schneiden sich im rechten Winkel. Der Winkel der dritten zu diesen beiden ist beliebig, aber ungleich 90 Grad.
- **Metaphysische Eigenschaften:** Kristalle dieses Systems (das griechische Wort *mono,* bedeutet allein, einzeln oder einzig) helfen uns mit ihren reinigenden Energien auf dem Weg zu Selbsterfahrung und Selbsterleuchtung.
  Beispiele: Serpentin, Kunzit, Jade, Mondstein, Malachit, Amazonit und Azurit.

Trikline Kristalle

- **Geometrische Form:** Ein Kristall ist triklin, wenn er weder Drehachsen noch Spiegelebenen aufweist. Alle drei Achsen des Achsenkreuzes sind verschieden lang, die Winkel dazwischen sind beliebig, aber ungleich 90 Grad.
- **Metaphysische Eigenschaften:** Dadurch, dass sie die Eigenliebe stärken, vermitteln uns Kristalle dieser Gruppe innere Harmonie und Ausgeglichenheit.
  Beispiele: Rhodonit, Labradorit, Aventurin, Feldspat und Türkis.

Kristalle – von Menschenhand geformt

Bevor wir uns der eigentlichen Heilkristallarbeit zuwenden, möchte ich mich in diesem Kapitel noch kurz mit Steinen beschäftigen, die ihre spezifische Form dem Eingriff des Menschen verdanken. An ihrer wohltuenden Wirkung ändert das jedoch nichts.

Hier einige der beliebtesten Formen:

Trommelsteine: die gängigste Art der Bearbeitung. Dabei werden große Mengen von Kristallen zusammen in einer Trommel geschliffen.

Chakrascheiben: Wie der Name andeutet, handelt es sich um in dünne Scheiben geschnittene Kristalle, die sich leicht auf ein Chakra auflegen und gegebenenfalls sogar mit Heftpflaster befestigen lassen.

Linsensteine: oval geschliffene Kristalle, die sich gut auflegen lassen und auch zur Massage geeignet sind. Aufgrund ihrer Form wirken sie besonders beruhigend harmonisierend.

Daumen- und Fingersteine: Trommelsteine, die so geschliffen wurden, dass sich eine Vertiefung ergibt, in die genau der Daumen oder ein Finger hineinpasst. Solche Steine empfehlen sich für die Kristallmassage.

Feenstein: sechseckig geschliffene Kristalle. In dieser speziellen Form haben Steine besonders positiven Einfluss auf die Chakren.

Steinpyramide: Pyramidenförmig geschliffener und polierter Heilkristall, der sich gut auf die Chakren aufsetzen lässt.

Steinkugel: hält man in den Händen, wirkt beruhigend und erdend.

Handschmeichler: Trommelsteine, die man sich einfach in die Hosentasche steckt und hin und wieder herausnimmt, um sie bewusst zu berühren. Ihre Kristallenergie wirkt wohltuend auf den ganzen Körper.

Taschenherz: In klein sind herzförmig geschliffene Steine meistens Handschmeichler, größere Exemplare eignen sich zur Aufbewahrung auf dem Nachttisch oder im Engelaltar.

Eines noch: In meiner Kristallheilungsarbeit verwende ich zumeist Steine, die zwar gereinigt und poliert wurden, aber keinen extra Schliff erhielten. Denn auf diese Weise bleibt ihre natürliche Energie optimal erhalten.

Heilende Schmucksteine

Ein wichtiger Hinweis vorab: Jeglichen Kristallschmuck solltest du vor dem ersten Tragen auf alle Fälle gründlich reinigen (siehe dazu S. 98 ff.).

Und noch etwas: Trag nie zu viele verschiedene Schmuckstücke auf einmal, denn sonst läufst du Gefahr, deinen Energiehaushalt zu überlasten. Welche Juwelen du anlegst, überlässt du am besten deiner Intuition. Fühlt sich ein Stück nicht angenehm an, ist es entweder deiner Aura nicht zuträglich oder bedarf einer Reinigung.

Hier – aus heilerischer Sicht – ein paar Möglichkeiten, dich mit passendem Kristallschmuck energetisch zu stärken. (Und vergiss nicht: Je näher er am Körper getragen wird, desto wirksamer ist er.)

Kopf und Kopfhaut: Ohrringe oder Haarspange beziehungsweise Diadem.

Hals, Luftröhre, Lunge, Herz, Solarplexus: Halsketten oder Kristallanhänger, die je nach Länge unterschiedliche Chakren und Organe erreichen. Aufgrund ihres Schliffs ist die Strahlung bei Splitterketten stärker als bei Kugelketten. Diese verfügen jedoch über eine harmonischere Energie und sind daher in der Regel vorzuziehen.

Bauch: Ketten.

Arme: Armreifen und Armbänder.

Finger und Zehen: Ringe.

Fußgelenk: Ketten.

Ganzer Organismus: in der Hosentasche getragen, strahlen Handschmeichler ihre Heilenergie auf den ganzen Körper aus.

Nase und Nabel: Edelsteine wie Diamanten, Saphire oder Rubine von höchster Qualität werden im Ayurveda an diesen Körperstellen gezielt zur Heilung eingesetzt.

Andere Körperstellen: Mit Heilsteinen besetzte Broschen ermöglichen es, bestimmte Stellen des Körpers gezielt zu beeinflussen.

Sei nicht traurig, wenn dir einmal ein Schmuckstück verloren geht. Kann sein, dass es mit negativer Energie gesättigt war. Ist so etwas der Fall und man bemerkt es nicht rechtzeitig, bleibt dem höheren Selbst mitunter keine andere Möglichkeit, als das Schmuckstück, das seinem Träger nicht länger guttut, zu »entsorgen«. Zufälle gibt es nicht, denn im Universum herrscht zu jedem Zeitpunkt perfekte Ordnung, auch wenn wir es uns vielleicht nicht immer vorstellen können.

Wie gesagt: Nimm es dir nicht zu Herzen, wenn du ein geliebtes Schmuckstück verlierst. Bedank dich stattdessen lieber bei seinem Kristalldeva für die Dienste, die er dir geleistet hat.

Die richtige Auswahl

Kristalle sind manifester Ausdruck der bedingungslosen Liebe unserer Mutter Erde und des Schöpferwillens unseres Vaters im Himmel, denn in ihren mannigfaltigen Formen und leuchtenden Farben kristallisiert sich das göttliche Licht der Schöpfung. Was für ein wunderbares Geschenk des Himmels an uns Menschen! Doch es bringt auch Verantwortung mit sich: Uns als Hütern dieses Planeten obliegt die Pflicht, gut für die Kristalle, die sich in unserer Obhut befinden, zu sorgen.

Wenn wir uns zur Kraft und Schönheit von Kristallen hingezogen fühlen, müssen wir oft gar nicht nach ihnen suchen, denn sie finden »von selbst« den Weg zu uns und tauchen wie magisch in unserem Leben auf.

Eines meiner diesbezüglich schönsten Erlebnisse hatte ich vor etwa einem Vierteljahrhundert im Himalaja, als ich meine tibetische Seelenschwester Tsering Dekyi La besuchte. Eines schönen Nachmittags unterhielten wir uns über die Vielfalt der Mineralien, und ich verriet Dekyi, wie sehr ich Kristalle liebte. Am nächsten Tag fand sie bei der Gartenarbeit eine wunderschöne klare Bergkristallspitze und überreichte sie mir freudestrahlend als Geschenk.

Dieser Bergkristall, dessen Energien einfach himmlisch sind, ist heute noch mein größter Heilkristallschatz.

Um zu entscheiden, welche Kristalle zu deiner Selbstheilung am besten geeignet sind, verschaffst du dir am besten vorab einen gewissen Überblick, sei es aus Fachbüchern, so es direkt von einem ausgebildeten Kristallheiler. Mit diesem Grundwissen ausgestattet, suchst du dann einen qualifizierten Kristallhändler auf, um dir deine Steine ganz persönlich auszuwählen.

Kristalle sprechen zu dir

Bitte die Erzengel um Mithilfe. Entspanne dich und lass die Energien der Steine visuell und spirituell auf dich einwirken. Tue dann mental deine Absicht kund, dass du einen Kristall zur Heilung (deines speziellen Problems, umreiß es kurz) benötigst und ersuche den Kristalldeva des passenden Steines mit dir zu kommunizieren.

Halt deine Aufmerksamkeit weiterhin entspannt auf die Steine gerichtet. Bald wirst du bemerken, dass dich einer der Kristalle besonders »anspricht«; dir glänzender und von intensiverer Farbe erscheint als die anderen. Vielleicht zeigt dir auch ein Kristalldeva mental den für dich im Moment »richtigen« Stein. Wenn du dich entschieden hast, vergiss nicht, dich bei den Erzengeln und Kristalldevas für die Orientierungshilfe zu bedanken, die sie dir gegeben haben.

Handchakren als Scanner

Bitte auch bei dieser Methode vorab die Erzengel um Mithilfe und gib mental deine Absicht bekannt. Breite dann deine Hände über den Kristallen aus und verwende deine Handflächen, die Handchakren, wie einen Scanner. Bewege die Handflächen so lange etwa fünf Zentimeter über den Kristallen hin und her, bis ein bestimmter Stein ein Kribbeln bei dir verursacht oder du warme, vielleicht auch kühle Energie spürst. Bedank dich bei den Erzengeln und dem Kristalldeva für ihre Unterstützung.

Beide Methoden kannst du auch anwenden, wenn du einen Kristall für jemand anders aussuchen möchtest. Dabei visua-

Kristallheilung mit Erzengel Uriel

Granat

Hämatit

Rubin

Turmalin

Kristallheilung mit Erzengel Gabriel

Roter Karneol

Citrin

Mondstein

Orangencalcit

Kristallheilung mit Erzengel Jophiel

Roter Jaspis

Bernstein

Goldtopas

Tigerauge

Kristallheilung mit den Erzengeln Raphael und Chamuel

Kristallheilung mit Erzengel Michael

Kristallheilung mit Erzengel Raziel

Kristallheilung mit den Erzengeln Zadkiel und Metatron

lisierst du diese Person (gesund und munter) und bittest die Erzengel, dir bei der Auswahl behilflich zu sein.

Übrigens: Der Stein, für den du dich intuitiv entscheidest, wird nicht immer unbedingt der sein, der in Lehrbüchern zur Heilung deiner Beschwerden empfohlen wird. Vertraue trotzdem deiner Intuition, denn dein höheres Selbst und die Erzengel sind viel weiser als alle Bücher zusammengenommen.

Reinigung der Kristalle

Kristalle speichern ein breites Spektrum von Schwingungen verschiedener Herkunft, sei es aus dem physischen Umfeld (Licht oder Töne), sei es mentaler und emotionaler Natur. Daher ist es äußerst wichtig, jeden Heilkristall, der neu ins Haus kommt, sofort zu reinigen. Denn jede Person, mit der dein Stein vorher in Berührung gekommen ist, hinterlässt darin Spuren ihrer Energie. Waren diese positiv, ist alles in Ordnung. Bedauerlicherweise speichern Kristalle aber auch negative Energiemuster, und von denen bleibst du nicht verschont.

Leider herrschten in den Minen, in denen Mineralien erschlossen wurden, häufig äußerst brutale Bedingungen. Dabei kam Dynamit zum Einsatz, das die Kristalle »schockierte«, aber mehr noch: In diesen Mineralien sind auch die Energien der Minenarbeiter gespeichert, die mitunter bedenklich schlecht behandelt (und noch schlechter bezahlt) wurden. Daher ist es keine Seltenheit, dass ein Kristall zwar optisch sehr anspricht, die in ihm gespeicherten Schwingungen aber chaotisch und negativ sind. Daher sollte man Kristalle oder Edelsteinschmuck, die man geschenkt bekommt (speziell wenn es sich um Erbstücke handelt) unbedingt vor dem Tragen reinigen. Dies gilt natürlich auch für geschliffene Kristallobjekte, wie Engel oder Heiligenstatuetten.

Wichtig! Nach jeder Behandlung, egal, ob es sich um eine Selbstheilung oder die Arbeit mit Patienten handelt, müssen Heilkristalle sorgfältigst gereinigt werden. Anderenfalls verlieren sie ihre Energie und Heilkraft, und im schlimmsten Fall überträgt man damit sogar negative Vibrationen von einer Person auf die nächste.

Bei der Säuberung der Heilkristalle darfst du zwei Dinge nie vergessen: Bedank dich bei dem zuständigen Elementarwesen, dem Kristalldeva, für seine Kooperation. Und bleib während der gesamten Reinigungsprozedur auch mental voll auf die Säuberung konzentriert.

Es gibt eine Vielzahl von Möglichkeiten, Heilkristalle zu reinigen. Im Folgenden mache ich dich mit den wirksamsten vertraut.

Wasser und Salz

Bitte beachten: Eine Reihe von Kristallen, zum Beispiel Selenit, sind wasserlöslich. Man sollte sie daher mit anderen Mitteln säubern. Wasserlösliche Kristalle gräbt man über Nacht in Meersalz ein, welches man danach nicht wieder verwenden soll, da es die negativen Schwingungen des Kristalls in sich aufgenommen hat.

Zu meinen bevorzugten Reinigungsmethoden gehört es, meine Heilkristalle zu einem Bad im Meer einzuladen oder sie unter einem Wasserfall beziehungsweise in einer klaren Quelle zu waschen.

Wenn es die Bedingungen nicht anders zulassen, kannst du auch einfach eine Glasschüssel nehmen, sie mit Wasser füllen, eine Handvoll Meersalz hinzufügen und deine Kristalle darin reinigen. Diese Prozedur dauert etwa dreißig Minuten, beziehungsweise so lange, bis du das Gefühl bekommst, dass es genug ist. Da die Elementarwesen der Kristalle ihre Kommunikation mit dir in dem Moment aufnehmen, in dem du die Steine zur Hand nimmst, lassen sie es dich auch wissen, wenn sie vollkommen gereinigt sind.

Bad im Sonnen- oder Mondlicht

Zur Kristallreinigung eignet sich auch ein Bad im Sonnen- oder Mondlicht (aber bitte nicht länger als einige Stunden).

Manche Kristalle bevorzugen die Sonne, andere den Mond. Entsprechende Hinweise ergeben sich aus deiner Kommunikation mit dem Elementarwesen des betreffenden Steins, das dir alles mitteilt, was du wissen musst, sodass du intuitiv die richtige Methode wählen wirst.

Bitte Vorsicht bei Sonnenbädern – befinden sich leicht entzündliche Dinge in unmittelbarer Nähe, besteht Feuergefahr.

Mithilfe von Kristallen

Eine weitere meiner Lieblingsmethoden der Kristallreinigung besteht darin, die Heilsteine auf eine große Amethystdruse aufzulegen. Dort bleiben sie dann so lange, bis ich sie wieder benötige. Auf diese Weise lassen sich Kristalle und Edelsteinschmuck gut reinigen, aber auch Edelmetalle.

Eine andere Methode der Reinigung mit Kristallen funktioniert so: Leg den Heilkristall, den du säubern möchtest, auf eine Druse aus Bergkristall. Der zu reinigende Heilkristall kann ruhig auf der Kristalldruse verbleiben, bis man ihn wieder zur Heilung verwenden will.

Klangreinigung

Auch mit bestimmten Schallwellen kann man Heilkristalle sehr effektiv reinigen. Dafür legt man sie in eine tibetische Klangschale oder auch eine große Kristallschale, die mit einem Holzstab angeschlagen und zum Klingen gebracht wird.

Auch Glocken erzeugen reinigende Schallwellen. Ich zum Beispiel verwende (nur zu diesem Zweck) ein tibetisches Glöckchen. Diese Methode hat den zusätzlichen Vorteil, dass man damit sowohl sich selbst als auch den Meditationsraum, in dem man die Glocke anschlägt, in ein Energiebad taucht.

Reinigung mit Düften

Schon vor Tausenden von Jahren wurden in spirituellen Reinigungszeremonien Weihrauch, Sandel- und Zedernholz oder auch Salbei verwendet. Auch dabei ist es wichtig, die Absicht der Reinigung nicht aus den Augen zu verlieren.

Gebete

Falls du zu all diesen Methoden keinen Zugang findest, kannst du deinen Heilkristall auch mit Beten reinigen: Halte ihn dafür in der offenen Hand und konzentriere dich auf dein Herzchakra. Atme tief ein und bete beim Ausatmen: »Liebe Erzengel und Wesen des Lichts, ich bedanke mich für die Reinigung dieses Kristalls.« Das ist ein einfaches, aber sehr wirksames Verfahren. Selbstverständlich kannst du dir auch dein ganz persönliches Gebetsritual einfallen lassen.

Visualisierung

Nimm dir bewusst vor, deine(n) Stein(e) zu reinigen. Verbinde dich dann mit dem Licht und der Liebe Gottes und atme diese als weißes Licht tief ein. Beim Ausatmen bläst du diese Reinigungsenergie über den Kristall. Wiederhole das dreimal oder so oft, bis du intuitiv weißt, dass der Heilkristall gut gesäubert ist.

Woran du erkennst, ob dein Heilkristall gut gereinigt ist? Wenn er glänzt, leuchtet und vor Energie, Licht und Liebe geradezu sprüht. Ich habe dann oft das Gefühl, dass wundersame Melodien von ihm ausgehen.

Pflege und Aufbewahrung

In Haus und Garten bin ich überall von Kristallen umgeben und könnte mir ein Leben ohne ihr Leuchten, ohne ihre wunderbaren Farben und Formen gar nicht mehr vorstellen. Sie bringen Liebe, Licht und Freude in jedes Heim und regulieren natürlich auch die Energien im Raum.

Wenn ich an meine Heilkristalle denke, habe ich lebendige Wesen im Sinn, die den göttlichen Funken in sich bergen. Daher pflege ich sie auch mit viel Liebe und Aufmerksamkeit. Sie mögen es zum Beispiel gar nicht, längere Zeit in dunklen Schachteln oder Schubladen aufbewahrt zu werden. Viel lieber strahlen sie ihre brillanten Energien frei aus.

Zur sicheren Aufbewahrung (weiche Kristalle gehen leicht kaputt, andere sind empfindlich gegen Feuchtigkeit) schlage ich vor, dass du sie in Seidentücher einschlägst. Meine ganz speziellen Heilkristalle haben ihr Zuhause in einem mit blauem Samt ausgeschlagenen Holzkästchen gefunden. Werkzeugkisten und dergleichen sind ideale Aufbewahrungsorte für deine Heilkristallsammlung.

Falls du verreist und deine Steine mitnehmen möchtest, empfehle ich, sie einzeln in Seidenpapier einzuwickeln und in einem Säckchen aus Satin, Seide oder reiner Baumwolle zu transportieren. Vergiss nicht: Je liebevoller und sorgfältiger du deine Heilkristalle pflegst, desto besser wird auch die Heilarbeit sein, die du mit ihrer Hilfe leisten kannst.

Weihe der Heilkristalle

Nachdem dein neu erworbener Heilkristall gut gereinigt ist, widmest und weihst du ihn. Dabei hast du die Möglichkeit, deine Schwingungen mit denen des Steins zu harmonisieren und Gott, den Erzengeln und Lichtwesen mitzuteilen, dass du den Wunsch hegst, mit Hilfe der Kristalle zu heilen. Zugleich übergibst du deinen menschlichen Willen dem Plan Gottes und stimmst deine Absichten darauf ab. So können wir absolut sicher sein, dass unsere Kristallheilungsarbeit immer zum höchsten gesegneten Wohl und Nutzen des Patienten oder unserer selbst sein wird.

Oft wird der Fehler gemacht, einen Kristall nach der ersten Reinigung gleich zu programmieren. Dabei wird vergessen, dass die Weihung und Widmung die heilende Wirkung eines Kristalls um ein Hundertfaches verstärkt.

Hier ein Vorschlag für ein geeignetes Weihungszeremoniell:

- Entzünde ein Sandelholzräucherstäbchen oder eine Kerze.
- Erde dich gut, indem du goldene Wurzeln aus deinen Fußchakren in die Erde sprießen lässt.
- Übergib dann deinen Willen ganz bewusst dem Willen und der Allmacht Gottes.
- Bitte Gott, die Erzengel und Lichtwesen um Licht, Liebe und Schutz für den Lichtprozess der Weihung.
- Atme tief ein und verbinde dich mit dem Elementarwesen, dem Deva, des Kristalls. Beim Ausatmen übergibst du alle Zweifel daran, dass das überhaupt möglich ist, den Engeln.
- Begrüß dann mental den Kristalldeva und sag Dank für die wunderbare Heilarbeit, die er in Zukunft für dich und andere leisten wird.
- Lass die Liebe deines Herzens durch deine Handchakren in den Kristall fließen. Schon nach kürzester Zeit wirst du spü-

ren, dass er sich erwärmt. Manchmal hat man auch das Gefühl, der Stein sei verschwunden, habe sich aufgelöst. Dieses Empfinden stellt sich ein, wenn man die Grenzen der Materie durchbrochen und sich (aufgrund der Tatsache, dass wir auf dieser Ebene alle EINS sind) mit dem Kristall vereinigt hat. In meinen Seminaren hatten schon viele Teilnehmer ein solches wunderbares Erlebnis und waren zu Tränen der Freude gerührt.

- Wenn dieser Lichtprozess beendet ist, wirst du es intuitiv wissen.
- Bedank dich für diese wunderbare Einweihung.

Bei dieser Gelegenheit kannst du auch weitere Informationen über deinen neuen Heilstein erhalten. Dafür musst du nur seinen Deva bitten, dir alles mitzuteilen, was du wissen möchtest.

Programmierung und Entladung

Unter Programmierung verstehen wir in unserem Zusammenhang hauptsächlich die *mentale* Übertragung eines bestimmten Heilzwecks auf einen Kristall. Dabei projizieren wir das Energiemuster unserer Gedanken auf das Kristallgitter des Heilkristalls, das sich daraufhin entsprechend modifiziert, fokussiert und beginnt, eine neue Lichtfrequenz auszustrahlen. Kristalle können jedoch nicht nur gedanklich, sondern auch mittels Tönen, Klängen, Symbolen, Farben und Bildern programmiert werden.

Übrigens: Fast alle Kristalle lassen sich programmieren. Am häufigsten wird jedoch der Bergkristall verwendet, denn aufgrund seiner nahezu neutralen Struktur bietet er die vielfältigsten Einsatzmöglichkeiten.

Wichtig: Die Anweisungen, die du dem Kristall gibst, aber auch die Absicht, mit der du die Programmierung durchführst, müssen mit dem heiligen Plan und den Energien des Kristalls übereinstimmen.

Heilkristallarbeit beruht immer auf gemeinsamem Bemühen des Heilers und des Kristalls. Achte daher stets darauf, dass du weder die heiligen Gesetze der Schöpfung noch die Naturgesetze verletzt oder missbrauchst. Denken wir nur an Atlantis. Diese hoch entwickelte Zivilisation fand aufgrund des Missbrauchs von Kristall ein vorzeitiges und ausgesprochen dramatisches Ende. Eine Lehre für die Menschheit, die sich, wie ich hoffe, nicht wiederholen muss.

Zur Programmierung eignen sich vor allem zwei Methoden, die ich dir jetzt kurz vorstellen möchte.

Geistige Programmierung

Je präziser die Anweisungen, die du dem Kristall gibst, desto besser. Leg dir daher die Programmierung am besten vor Beginn des Lichtprozesses schlagwortartig zurecht. Ich persönlich programmiere meine Kristalle immer mit drei miteinander in Zusammenhang stehenden Leitworten, von denen zwei immer gleich sind und das dritte je nach Thema variiert. Wenn ich beispielsweise einen Stein aufs Heilen programmiere, verwende ich die Worte Licht, Liebe, Heilung. Für Schutz: Licht, Liebe, Schutz. Und so weiter. Die Basis dieses esoterischen Dreiecks sind also immer die Worte »Licht« und »Liebe«. Die eigentliche Anweisung bildet die Spitze. Ganz intuitiv wirst du deine eigene, ganz persönliche Version dieses Lichtprozesses finden.

Schritt 1: Erde dich, indem du goldene Wurzeln aus deinen Fußchakren in die Erde wachsen lässt.
Schritt 2: Lade Erzengel Zadkiel oder Erzengel Gabriel ein, dir bei der Programmierung des Kristalls zur Seite zu stehen.

Schritt 3: Halte den Heilstein zwischen deinen Handflächen und stimme dich auf seine Schwingungen ein. Wenn du das Gefühl hast, dass die Verbindung hergestellt ist, stellst du mental die Frage, ob es in Ordnung ist, diesen Kristall mit deinen bestimmten Anweisungen zu programmieren. In diesem Teil des Lichtprozesses kommunizierst du sowohl mit dem Kristalldeva als auch mit den Erzengeln und Lichtwesen. Wenn die Antwort ein Ja ist, kannst du zum nächsten Schritt übergehen. In seltenen Fällen lautet die Antwort eindeutig nein. Aber auch wenn du dir nicht ganz sicher bist, solltest du dich erneut auf den Kristall einstimmen. Falls die Antwort dann immer noch negativ ausfällt, ist entweder deine Absicht nicht klar durchdacht, oder aber der Kristall eignet sich nicht für diese Programmierung.
Schritt 4: Wenn du das Gefühl hast, dass der Kristall für die Programmierung bereit ist, projizierst du mental deine Leitworte auf ihn und stellst dir dabei vor, dass deine Anweisungen in den Heilkristall einfließen. Wenn du möchtest, kannst du ihn an diesem Punkt vor dein Herzchakra oder dein Drittes Auge halten, um dich bewusst noch stärker mit dem Stein zu verbinden. Wenn der Prozess abgeschlossen ist, wirst du es intuitiv wissen. Manchmal nimmt man sogar ein gewisses Klicken in der Aura wahr. Um die Programmierung besonders gut zu verankern, wiederholst du diesen Vorgang anschließend noch zweimal.
Schritt 5: Um die Programmierung zu vollenden und das neue Energiemuster abzusichern, bittest du Erzengel Michael, deinen Heilkristall mit einem Schutzgitter aus blauem Licht zu umgeben.
Schritt 6: Bedanke dich bei den Erzengeln und dem Kristalldeva für ihre Hilfe und all das Licht und die Liebe, die sie dir geschenkt haben.

Physisch-materielle Programmierung

Folge den Anweisungen bis zu Punkt drei und leg deinen Kristall dann auf das Objekt, für das du dich entschieden hast. Hier Beispiele dafür:

- Zeichne ein Symbol, zu dem du eine enge Beziehung hast, beispielsweise den Schriftzug »OM«. Dann legst du deinen Kristall auf die Zeichnung.
- Leg deinen Heilstein auf ein Foto deiner Lieblingsblume, deines Krafttieres oder deines Lieblingsplatzes in der Natur.
- Programmiere deinen Kristall mit Musik, die du besonders gern magst, oder auch mit dem Gesang einer Lerche.

Dir werden bestimmt noch andere Dinge einfallen, denn die Möglichkeiten der Programmierung sind grenzenlos. Lass dich von den Erzengeln und den Devas der Heilkristalle inspirieren und führen.

Entladung

Wenn du einen Heilkristall umprogrammieren möchtest, musst du ihn zunächst entladen. Am einfachsten geht das, indem du dafür einen Heilkristall mit magnetischen Eigenschaften zur Hilfe nimmst, idealerweise einen Hämatit. Leg den Stein, den du entladen möchtest, einige Stunden lang in eine Schale mit Hämatit-Trommelsteinen. Wenn er sich vollständig entladen hat, wirst du es intuitiv wissen.

Wichtig! Nach einer Entladung braucht der Heilkristall etwas neue Energie, um sich neu aufladen zu können. Dafür reichen ein paar Stunden im Sonnen- oder Mondlicht (besonders gut eignet sich die Zeit rund um den Vollmond).

Heilkristalle, Farben und Chakren

Die Heilkristalle werden ihrer Farbe entsprechend den Chakren zugeordnet. Schwarze beziehungsweise dunkle Steine, wie etwa Rauchquarz, Hämatit und schwarzer Turmalin, ordnet man dem Wurzelchakra zu, weiße beziehungsweise klare, wie Diamant oder Bergkristall, dem Kronenchakra oder dem Seelenstern, dem achten Chakra.

Die Schönheit des Regenbogens

Jede Farbe des Spektrums birgt sieben wesentliche Elemente in sich:

- ein physisches beziehungsweise materielles Element
- ein Leben spendendes Element (Vitalität oder Lebenskraft)
- ein psychologisches Element
- ein harmonisierendes, vereinigendes Element
- ein spezifisches Element der Heilung
- ein Inspirations- und Intuitions-Element
- ein spirituelles oder Element des höheren Bewusstseins.

Entsprechend lassen sich die Farben wie folgt charakterisieren:

Rot: männliche Energie; Stärke, Kraft, Mut, Wille; richtet das Bewusstsein auf die Gegenwart: Lebenslust, Hang und Drang zum Überleben, Leidenschaft, Begierde, Verlangen, Vitalität; wirkt erhitzend.

Orange: männliche Energie; die Balance von rot und gelb: Selbstbewusstsein, Freude, Tanz und Bewegung, Regenerierung, Revitalisierung; wirkt erwärmend.

Gelb: männliche Energie; Inspiration, Stimulation, Glücklichsein, Selbstkontrolle, Meisterung der Sehnsüchte und Verlangen, Harmonie mit der Umwelt, Intelligenz, Klarheit, Ausdauer; wirkt je nach Farbton behaglich oder stimulierend.

Grün: männliche und weibliche Energien sind ausgeglichen; Balance, Heilung, Beruhigung, Wachstum, Liebe; vermittelt des Gefühl der Freiheit.

Blau: weibliche Energie; Frieden, Kommunikation, Ausdruck, Wahrheit; wirkt auf allen Ebenen kühlend, gegebenenfalls antiseptisch.

Indigoblau: weibliche Energie; Intuition, Lernprozesse, Einsicht; verschafft Klarheit in den höheren Bereichen des Bewusstseins.

Violett: weibliche Energie; höheres Bewusstsein, Inspiration, Weisheit, Würde; transformiert Materie und verbindet uns mit unserem heiligen Selbst.

Weiß: transzendiert die männlichen und weiblichen Energien; Verbindung und Integration aller Farben; vermittelt die »ICH bin der ich BIN«-Gegenwart.

Farbe ist Licht; Licht bedeutet Leben und Liebe, und das sind die Bausteine des Universums. Wie schon Pythagoras feststellte, ist es die universelle Seele (Gott), die alles durchdringt und erfüllt. Ihre Substanz ist das Licht.

In unserem physischen Universum ist es die Sonne, die uns Licht und Farben schenkt; auf der kosmischen Ebene sind es die sieben göttlichen Strahlen, die vom heiligen weißen Licht (auch die Zentrale Sonne oder Gott genannt) ausgehen. In Wahrheit sind alle Komponenten der Schöpfung EINS, daher »verschmelzen« die kosmischen Strahlen mit den physischen und vereinigen sich nicht nur in den Farben der Kristalle, sondern auch in den Farben der Blumen, Berge, des Wasser und des Himmels. Aus diesen heiligen Kräften resultiert die wunderbare Schöpfung Gottes, die für uns hoch privilegierten Erdenbürger eine himmlische Symphonie leuchtender, brillanter, strahlender Farben anstimmt.

Chakren, ihre Farben und zugeordneten Heilsteine

Hier eine Übersicht über die Chakren und einige der ihnen zugeordneten Heilkristalle entsprechend ihrer Farbe:

Chakra	*Farbe des Chakra*	*Heilkristall*
Achtes Chakra/Seelenstern	weiß/irisierend	Diamant
Kronenchakra	violett	Amethyst
Drittes Auge	indigoblau	Lapislazuli
Kehlkopfchakra	blau	Aquamarin
Herzchakra	grün	Grüner Malachit
Solarplexus-Chakra	gelb	Citrin
Sakralchakra	orange	Orangefarbener Calcit
Wurzelchakra	rot	Granat

Tipps zum Schutz der Aura

Als Kette oder Anhänger getragen, durch die Aura bewegt oder etwa zehn Zentimeter von der Körperoberfläche entfernt »aufgelegt«, empfehlen sich besonders die folgenden Steine zur Pflege unseres Energiefeldes:
Reinigung: Blutstein, Rauchquarz, Citrin, Kunzit

Zum »Stopfen« energetischer »Löcher«: Amethyst, grüner Turmalin, Labradorit
Als Schutzschild: Turmalin, schwarzer Obsidian, Bergkristall, Bernstein

Hilfe bei Krankheiten

Hier eine Übersicht der unterschiedlichen Beschwerden, die mithilfe der Heilkristalle gelindert oder behoben werden können:

Fokus der Heilung	*Heilkristalle*
Körperliche Beschwerden	
Gehirn	Blauer Achat
Augen	Aquamarin
Lunge	Blauer Turmalin
Bronchien	Sodalith
Milz	Bernstein
Magen/Darm	Beryll
Leber	Blutstein
Galle	Tigerauge
Nieren	Orangefarbener Chalzedon
Blase	Citrin
Weibliche Fortpflanzungsorgane	Mondstein
Männliche Fortpflanzungsorgane	Topas
Immunsystem	Lapislazuli
Blut und Kreislauf	Hämatit
Haut	Grüner Jaspis
Knochen	Chalcedon

Fokus der Heilung	*Heilkristalle*
Geistige und emotionale Symptome	
Angst	Orangefarbener Chalzedon
Stress	Citrin
Gedächtnisschwund	Pyrit
Depressionen	Aventurin
Mangelnder Lebenswillen	Opal
Trauer	Rosenquarz
Spirituelle Hilfe	
Träume	Herkimeter-Diamant
Spiritueller Wegweiser	Bergkristall
Klarheit und spirituelle Reinigung	Selenit
Hellsichtigkeit	Amethyst
Entwicklung der Intuition	Moldavit
Selbstsicherheit	Perle
Meditationshilfe	Kunzit

DRITTER TEIL

Die Erzengel und ihre Kristalle

Warum Kristallheilungen mit Erzengeln funktionieren

Hier nun verbindet sich das Reich der Erzengel mit dem der Kristalle zu einer vollendeten Einheit: Kristallheilung mit den Erzengeln. Diese Verbindung existiert natürlich schon seit Beginn aller Zeiten, sind wir doch auf der heiligen Ebene des Seins alle EINS. Wir sind der Mikrokosmos im Makrokosmos, das Alpha und das Omega, das holografische Prinzip des »Ich bin, der ich bin«, das Gott in ALLEM erkennt.

Wirklichen Nutzen können wir aus solchen heiligen Verbindungen aber nur ziehen, wenn wir uns ihrer auch bewusst sind. Denn ohne diesen Prozess der Offenbarung ist der göttliche Funke für unsere Heilarbeit nur als Potenzial vorhanden. Mit anderen Worten: Dann sind die Energien der Heilkristalle zwar existent, leisten ihre Arbeit aber bloß passiv als göttliche Kraft. Schenken wir der Kombination der Kräfte von Erzengeln und Kristallen jedoch die bewusste Aufmerksamkeit der bedingungslosen Liebe, wird diese Macht vom göttlichen Funken, unserem heiligen Geist, geweckt und aktiviert.

Bei der Schöpfung sagte Gott: »Es werde Licht.« Er schenkte seine Aufmerksamkeit und seine Liebe also dem der Schöpfung innewohnenden Potenzial. Und da der Geist die Realität erschafft, entstand so die Welt.

Als Menschen sind wir Mitschöpfer Gottes auf Erden, und unsere Aufgabe besteht darin, in der gesamten Schöpfung Licht und Liebe zu finden, sie bewusst zu aktivieren und mithin das Licht und die Liebe Gottes sichtbar zu machen. Dann, aber nur dann, kann die Heiligkeit der Schöpfung Realität werden, kann sich Gottes Reich auf Erden manifestieren und der heilige Plan vollendet werden.

Ihr, meine lieben Erdenschwestern und Erdenbrüder, seid Lichtbringer und Lichtarbeiter. Zuerst aktiviert ihr das Licht und die bedingungslose Liebe in eurem eigenen Selbst und setzt so den Prozess der Heilung eures Körpers, eures Geistes und eurer Seele in Gang. Ist dieser Schritt eurer Entfaltung vollendet, tragt ihr diese wunderbare, heilsame Energie des göttlichen Lichts und der ewig währenden unvergänglichen Liebe in die Welt hinaus. Dann ist die Metamorphose von der Raupe zum bunten Schmetterling des Lichts, auf dessen Flügeln die zarten Farben der bedingungslosen Liebe schillern, vollkommen.

Die folgende Tabelle stellt eine Übersicht der Erzengel, deren Farbstrahlen und die den jeweiligen Chakras zugeordneten Heilkristalle dar. Ich konzentriere mich dabei auf weit verbreitete, leicht erhältliche Steine.

Farbstrahl	*Chakra*	*Erzengel*	*Heilkristalle HeH*
Weiß	Achtes Chakra/ Seelenstern	Metatron	Herkimer-Diamant
Violett	Kronenchakra	Zadkiel	Amethyst, Selenit, Sugilith
Indigo	Drittes Auge	Raziel	Lapislazuli, Saphir, blauer Calcit, Sodalith
Blau	Kehlkopfchakra	Michael	Aquamarin, Türkis, Chrysokoll, Blauband-Chalcedon
Grün	Herzchakra	Raphael u. Chamuel	Malachit, Moosachat, Peridot, Rosenquarz
Gelb	Solarplexus	Jophiel	Bernstein, gelber Jaspis, Tigerauge, Goldtopas
Orange	Sakralchakra	Gabriel	Roter Karneol, Orangefarbener Calcit, Mondstein, Citrin
Rot	Wurzelchakra	Uriel	Rubin, Granat, Hämatit, schwarzer Turmalin

Bei der Auswahl der Heilkristalle stehen dir die Erzengel stets zur Seite. Schritt für Schritt werden sie dich auf deiner Heilreise begleiten. Ich bin der festen Überzeugung, dass die Verbindung mit der Welt der Engel und Kristalle deiner Familie, Freunden und Patienten (und nicht zuletzt dir selbst) viel Licht, Liebe und Freude bescheren wird.

Die Integration der Kräfte von Kristallen und Erzengeln

Auf dem Weg zur Selbsterleuchtung machen wir verschiedene Phasen der seelischen, emotionalen, körperlichen und spirituellen Heilung durch. In diesen Zeiten werden wir jeweils von ganz speziellen Erzengeln, Lichtwesen und Aufgestiegenen Meistern begleitet.

Die meisten von uns fühlen sich in einem gegebenen Moment ganz besonders zu einem bestimmten Erzengel hingezogen. Bestimmt geht es dir auch so. Da du mit diesem Erzengel für eine Zeit eng verbunden sein wirst, ist es sinnvoll, deine Heilkristallsammlung mit den Kristallen, die ihm zugeschrieben werden, zu beginnen. Ergänzend schlage ich vor, dass du dir pro Erzengel (und Chakra) noch einen weiteren Stein aussuchst. Bei der Wahl werden dir die Engel behilflich sein.

Wenn du dann dein »Team« kristalliner Helfer, die wunderbaren Devas der Steine, vollständig um dich versammelt hast, säuberst und weihst du die Kristalle wie beschrieben. Nachdem du den folgenden Lichtprozess durchgeführt hast, kannst du dann mit der praktischen Heilarbeit an dir und anderen beginnen.

Schritt 1: Leg deine Kristalle auf eine farblich neutrale Oberfläche. Ideal wäre ein Tischchen mit einer weißen Seiden- oder Baumwolldecke.
Schritt 2: Schlage goldene Wurzeln in die Erde und übergib deinem höheren Willen oder dem Gottes deinen Erdenwillen.
Schritt 3: Bitte nun den Erzengel, dem du diese Kristalle widmen möchtest, um sein Licht, seine Liebe und seinen Schutz.

Schritt 4: Teile ihm mental die Absicht mit, die du mit dieser Weihe verfolgst, zum Beispiel: »Lieber Erzengel Michael, ich bitte dich von Herzen, diese Heilkristalle zum Zwecke der Heilung meines Selbst und anderer zu segnen. Ich widme meine Arbeit mit den Heilkristallen dem Licht und dem Einklang mit dem heiligen Plan Gottes. Hilf mir bitte, als Kanal Gottes zu wirken und nur mit den allerreinsten Energien zu arbeiten. Bitte leg deinen Schutzmantel um mich und leite und unterstütze mich in meiner Heilarbeit.«
Schritt 5: Atme Licht und Liebe ein und bitte dein höheres Selbst, die Verbindung mit dem Erzengel herzustellen.
Schritt 6: Bitte nun Erzengel Michael, deine Heilkristalle zu segnen. Visualisiere, dass er seine Hände auf die deinen legt und sein himmlischer Segen in die Heilkristalle fließt.
Schritt 7: Nun hat sich die Heilkraft des Erzengels mit der des Kristalls vereinigt. Bedank dich dafür bei Gott und dem Erzengel.

Genieß die himmlische Energie deiner Heilkristalle und bewahre sie immer sorgfältig auf. Achte darauf, dass kein anderer sie berührt, sonst nehmen sie eventuelle negative Energien auf.

Einige wichtige Bemerkungen noch: Natürlich darf eine Kristallheilung nie den Besuch bei Arzt oder Heilpraktiker ersetzen.

Unterschätz aber nie die Kraft der Heilkristalle, und halt dich in der praktischen Arbeit genau an meine Anweisung. Eine dilettantisch durchgeführte Auflegung kann schwere mentale, emotionale und physische Folgen haben.

Wir arbeiten in diesem Buch mit sehr einfachen Auflegungen. Kompliziertere überlässt du bitte professionellen Kristallheilern, die eine drei- bis vierjährige Ausbildung erfahren haben.

Du kannst gern auch mit komplett zusammengestellten Kristall-Chakra-Sets arbeiten, wie es sie im Handel heute vielfach gibt. Vergiss dabei aber bitte nicht, die Qualität und Energie der einzelnen Steine zu überprüfen.

Die goldenen Schlüssel zum Tor der Selbstheilung

Der Weg der Selbstfindung und Heilung des Selbst ist oft hart und steinig und mit Ängsten und Qualen verbunden. Oft irren wir lange in der äußeren Welt umher, um Linderung unserer Schmerzen zu finden, geben diesem und jenem die Schuld an unserer Misere, kommen dabei aber auf unserem Heilungsweg keinen Schritt weiter. Wir behandeln uns selbst und andere mit Strenge und Härte und versuchen damit, Ordnung in das vermeintliche Chaos unseres Lebens zu bringen. Wir drängen anderen unseren Willen auf und reden uns Dinge ein, an wir tief im Inneren selbst nicht glauben.

Und warum das alles? Weil wir (zumeist unbewusst) Angst vor der Realität haben, Angst vor dem, was in uns und anderen wirklich vorgeht. Was geschieht, wenn ich meine Aufmerksamkeit nach innen richte? Wenn ich mir meine Unzufriedenheit eingestehe und aufhöre, meine Gefühle zu verleugnen? Stürzt dann mein ganzes Leben wie ein Kartenhaus ein? Verliere ich meinen Partner, meinen Job, mein Haus? Der innere Krieg zwischen Kopf und Herz, zwischen dem höheren Selbst und dem Ego-Selbst wütet oft lange. Und die Angst vor Veränderungen geistiger, emotionaler oder physischer Natur hemmt unseren Fortschritt, macht uns oft sogar krank.

Doch Gott, die Engel und dein heiliges höheres Selbst lassen sich von ihrer Mission, dich mit deiner inneren Wahrheit zu verbinden, nicht abbringen. Und diese Wahrheit ist einer der goldenen Schlüssel zur Heilung des Selbst. Dein heiliges Selbst kommuniziert unablässig mit dir, mit Gott, den Engeln, Lichtwesen und Aufgestiegenen Meistern. Und mehr noch: Das *ganze Universum* unterstützt dich dabei, zu deiner Wahrheit zu finden.

Das Licht und die Liebe Gottes und der Erzengel wirken wie ein Scheinwerfer, der auf alles in deinem Leben gerichtet ist und es klar konturiert, das nicht Liebe ist. Um diesen Schlüssel der Wahrheit aktivieren zu können, bedarf es jedoch eines weiteren: des Schlüssels der bedingungslosen Akzeptanz des eigenen Selbst.

Mit Hilfe Gottes, der Erzengel und künftig nun auch noch mit der wunderbaren Unterstützung deiner Heilkristalle wirst du lernen, dich so anzunehmen, wie du bist, mit all deinen vermeintlichen Schwächen und Fehlern. Erzengel Chamuel, der mit der Kraft des Rosenquarzes verbunden ist, wird dir bei diesem Prozess zur Seite stehen.

Lass dir von den Erzengeln und den heilenden Kräften der Kristalle Licht und Liebe in Hülle und Fülle bescheren. Dieser Akt des Zulassens ist ein weiterer Schlüssel zur Heilung deines Selbst. *Erlaube* deinem Geist, dem Bewusstsein und dem Unterbewussten, aber auch deinem Körper und deiner Seele, von den Engeln und Kristallen geheilt zu werden. Dieses bewusste Erlauben öffnet das äußere Tor deines Herzens und bewirkt, dass eine wahre Flut bedingungsloser Liebe dein Erdenselbst mit heilenden Energien durchflutet. Gerade in dieser Phase der Selbstheilung kommt es häufig zu wunderbaren, wundersamen Genesungen.

Mit Liebe gesättigt bist du dann bereit, den nächsten Schlüssel in Empfang zu nehmen, den goldenen Schlüssel der Vergebung. Zunächst wird dir Erzengel Raphael mithilfe seiner Heilkristalle bei dem Prozess der Selbstvergebung behilflich sein. Für diese Arbeit ist insbesondere der Peridot geeignet. Im Verbund mit Erzengel Raphael unterstützt er dich dabei, dir selbst zu verzeihen. Gott und die Engel lieben dich so, wie du bist, egal, wer du bist und egal, was du je getan oder unterlassen hast. Dies sind die Kennzeichen bedingungsloser Liebe, einer Liebe, die ohne zu fragen, ohne zu fordern, ohne Erwartungen immer für dich da ist. Gott verurteilt dich nicht, er hat dich nie verurteilt und wird es auch nie tun. Warum also verurteilst du dich selbst?

Nachdem du dir selbst vergeben hast, wirst du auch anderen verzeihen können, und daraus erwachsen tiefer innerer Frieden und Harmonie. Erzengel Michael, der Engel des Lichts und der Wahrheit, hilft dir, dich von allem in deinem Leben, was nicht Liebe ist, zu befreien. Die heilenden Kräfte des Aquamarins werden dir dabei förderlich sein. Mit dem Beistand Erzengel Michaels kannst du dann schließlich den goldenen Schlüssel der Wahrheit zur Anwendung bringen und das Allerheiligste deines Herzens öffnen. Und siehe: Von deinem wirklichen Selbst, der »Ich bin, der ich bin«-Wahrheit des Seins, dem Funken Gottes, der in deinem Herzen glimmt, wirst du schon sehnsüchtig erwartet. Gott und die Engel jubilieren, wenn du auch nur einen Teil dieser Wahrheit erfasst und dir erlaubst, sie anzunehmen.

VIERTER TEIL

Kristallheilung mit den Erzengeln

Praktische Vorbereitung

Was die praktische Seite der Heilkristallarbeit betrifft, empfehle ich dringend, dass du dir eine gewisse Routine in Fleisch und Blut übergehen lässt. Denn je vertrauter uns der technische Ablauf ist, desto besser können wir unsere Aufmerksamkeit auf den energetischen Inhalt unseres Vorhabens richten.

Damit du optimal von der Heilung mit Erzengeln und Kristallen profitieren kannst, schlage ich den folgenden Ablauf vor, der genügend Raum für eigene Variationen lässt. Manches mag dir vielleicht etwas simpel vorkommen, doch das Einfachste vergessen wir häufig, zumal, wenn es um uns selbst geht.

Los geht's.

- Ich schlage vor, dass du die Meditationstexte der nächsten Kapitel vorab aufnimmst (auf Kassette oder im MP3-Format). Das hat den Vorteil, dass du dich dann während der Heilarbeit bequem hinlegen und komplett entspannen kannst. Natürlich kann man sich die Meditationen auch von einer Freundin oder einem Freund vorlesen lassen, während man selbst liegt.
- Bitte Erzengel Gabriel, den Engel der Kommunikation, dir bei der Aufnahme zu helfen. Versuch ganz bewusst, eine gute Verbindung zwischen deinem Herz- und dem Kehlkopfchakra herzustellen (der Engel steht dir dabei bei), um die Texte mit viel Liebe sprechen zu können. Lies langsam, mit genügend Pausen, damit du die Informationen dann später auf allen Ebenen des Seins »verarbeiten« kannst.

- Lass dir für jede Meditation deiner Wahl mindestens eine Stunde Zeit, in der du völlig ungestört bist. Wichtig ist nämlich, dass du nach der eigentlichen Kristallheilungsmeditation noch etwas liegen bleibst, damit alles schön »sacken« kann. Diese Zeit ist erforderlich, um das Gehörte und Erlebte optimal in die feinstofflichen und den physischen Körper zu integrieren. Außerdem kommt es häufig vor, dass die Erzengel danach noch weiter an und mit dir arbeiten und du dabei einschläfst.
- Schalte alle Telefone aus und häng ein »Bitte nicht stören«-Schild außen an die Tür deines Meditationsraums. Da die Kristallenergien sehr kraftvoll sind, sind Unterbrechungen unbedingt zu vermeiden. Kommt es trotzdem einmal dazu, musst du dich sofort erden.
- Lass frische Luft in den Raum und versichere dich, dass er energetisch gereinigt ist (siehe Seite 51 f.).
- Entzünde eine Kerze, ein Räucherstäbchen oder eine Öllampe, gern auch mehrere dieser Energiespender.
- Versichere dich, dass du lockere Kleidung aus Naturmaterialien trägst. Denn zum einen wirken Heilsteine am besten, wenn sie auf der bloßen Haut aufgelegt werden, und zum anderen verursachen Kunstfasern unter Umständen kleine elektrische Ladungen, und das kann sehr unangenehm sein.
- Strecke dich auf einer geeigneten Unterlage aus. In punkto optimaler Erdung ist der Fußboden am besten geeignet, doch ein Bett oder Futon ist auch in Ordnung. Eine Matratze mit Sprungfedern ist aufgrund des Metalls, das sie enthalten, allerdings weniger empfehlenswert. Leg dir ein Kissen oder eine Nackenrolle unter den Nacken und halte eine Decke bereit, für den Fall, dass dir kalt wird, und das kann im Anschluss an die Meditation schon öfter einmal vorkommen.
- Halte ein Glas Wasser und eine Banane, ein paar Nüsse oder getrocknete Früchte bereit. Nach spirituellen Heilbe-

handlungen ist es immer sehr empfehlenswert, hochwertiges klares Wasser zu trinken; das hilft, negative Energien abzutransportieren. Apropos: Wenn man Kristallheilungen erfährt oder durchführt, ist es sinnvoll, mindestens zwei Liter Wasser über den Tag verteilt zu trinken.
Und da nach so intensiven Heilbehandlungen häufig der Zuckerspiegel im Blut abfällt, ist es gut, sofort einen gesunden Snack zur Hand zu haben. Vermeide aber bitte weißen Zucker, er lässt den Blutzuckerspiegel ganz rasch in die Höhe schnellen – und genauso fix wieder abfallen.

Der nächste Schritt ist die Erdung. Dieser Prozess ist von äußerster Bedeutung – ich habe ja auch schon verschiedentlich darauf hingewiesen.

- Leg einen Heilkristall etwa dreißig Zentimeter unter deinem Fußchakra am Boden auf. Dafür eignen sich am besten: Hämatit, Onyx, Rauchquarz und Tigerauge.
- Atme tief ein und bitte um Verbindung mit dem Goldenen Strahl, dem universellen Strahl der Heilung. Lass das Goldene Licht durch deine Hauptchakren und bis in die Fußchakren fließen. Stell dir nun vor, dass goldene Wurzeln aus deinen Füßen durch die verschiedenen Schichten der Erde sprießen. Aus deinem Steißbein am Ende der Wirbelsäule wächst eine ganz dicke, starke Wurzel wie ein goldener Stab in die Erde. Dadurch entsteht ein goldenes Erdungsdreieck, das sehr stabil ist und dich während der Kristallmeditationen gut und sicher »am Boden« halten wird. Nach Abschluss der Kristallheilung kannst du deine Wurzeln aus den tiefen Schichten der Erde wieder herausziehen. Ich würde dir aber empfehlen, sie etwa einen halben Meter im Erdboden verwurzelt zu lassen, damit du gut geerdet durch den Tag gehst und gewährleistet ist, dass deine Energien optimal fließen können.

Der letzte Schritt unserer Vorbereitungen ist eigentlich eine »Nachbereitung«: Vergiss nicht, dich nach jeder Energiearbeit gut gegen alle etwaigen negativen Energien von außen abzuschirmen und zu schützen. Es werden in diesem Buch sieben verschiedene Methoden der Beschützung in Form der Abschlussmeditationen vorgestellt. Diese sollte man auf keinen Fall nach einer Hauptmeditation weglassen. Eine der einfachsten Schutzübungen für den normalen Alltag ist diese:

Du bittest Erzengel Michael, seinen blauen Mantel des Schutzes über dich zu breiten, und bedanke dich von Herzen für diesen Liebesdienst.

Zum Abschluss: Für maximale Heilerfolge empfehle ich, die in den folgenden Kapiteln vorgeschlagene Reihenfolge der Meditationen einzuhalten. Die Abfolge *Einstimmungsmeditation, Reinigungsmeditation, Hauptmeditation, Abschluss* und *Schutzmeditation* schafft die besten Voraussetzungen für die optimale Aufnahme der Heilenergien von Erzengeln und Kristallen.

Die Einstimmungsmeditation gleicht deine Schwingungen denen der Erzengel an. Dafür ist eine tiefe Entspannung unbedingt notwendig. Sinn und Zweck der Reinigungsmeditation bestehen darin, mentale und emotionale Muster beziehungsweise Blockaden so gut wie irgend möglich aufzulösen. Die Hauptmeditation schließlich ist natürlich die wichtigste; ihren vollen Heilerfolg kann sie aber nur erzielen, wenn die beiden vorherigen durchgeführt wurden. Auch Abschluss/Schutzmeditation solltest du nicht ausfallen lassen, denn diese Arbeit sorgt dafür, dass du die Heilkräfte, in deren Genuss du eben gekommen bist, zu integrieren und »abzusichern«.

Um dich mit einigen Heilsteinen und ihren spezifischen Energien bekannt zu machen, schlage ich, wie du sehen wirst, für die verschiedenen Meditationen unterschiedliche Kristalle vor.

Es ist jedoch auch ganz in Ordnung, wenn du nur einen Heilstein verwendest, sofern er dich besonders anspricht oder die Erzengel dich zu ihm hingeführt haben.

Die Reihenfolge der Kristallheilungen entspricht dem Chakrensystem (in aufsteigender Reihenfolge)und dem Erzengel, der mit dem zugeordneten Farbstrahl arbeitet. Wir beginnen unsere Heilreise also mit Erzengel Uriel und dem roten Farbstrahl, der dem Wurzelchakra zugeordnet wird.

In der Mitte des Buches findest du farbige Abbildungen der Kristalle, die wir bei unseren Selbstheilungsmeditationen verwenden werden. (Sie stammen aus meiner privaten Heilkristallsammlung, und ich habe sie mit Liebe für dieses Buch fotografiert.) Diese dienen als Einstimmungshilfe. Doch kannst du dich natürlich auch rein mental mit den Kristallen verbinden.

Bitte sei auf keinen Fall enttäuscht, wenn du im Anfangsstadium deiner Heilarbeit mit den Reichen der Kristalle und Erzengel physisch nichts Besonderes wahrnimmst. Das stellt sich mit der Zeit schon ein, wenn du eine gewisse Übung hast. So, wie wir die körperlichen Muskeln trainieren, um einen Marathon laufen zu können, müssen wir es auch mit den spirituellen Muskeln – Intuition, Vertrauen, Glaube und Liebe – halten. Sei dir gewiss: Auch wenn du nichts spürst, die Energien arbeiten auf Hochtouren zu deinem Wohl.

Und nun öffne deinen Geist, dein Herz und deine Seele und erlaube den Erzengeln und dem Reich der Kristalle, dir Licht, Liebe und Heilung im Überfluss zu bescheren!

Kristallheilung mit Erzengel Uriel

Unsere Selbstheilung beginnt mit Erzengel Uriel, der mit dem göttlichen Strahl des Idealismus und der Hingabe arbeitet. Er vertritt und bewacht den roten Farbstrahl. Mit dieser Schwingung arbeitet er an der Heilung des Wurzelchakras, das uns mit der Erde verbindet. Aus dieser Verbindung schöpfen wir Kraft und Vitalität, daher ist das Wurzelchakra auch der Sitz und irdische Ursprung unserer Kreativität. Ist das Wurzelchakra blockiert, fühlen wir uns oft körperlich erschöpft und lethargisch, es fehlt uns an Schwung und Lebenskraft.

Im Wurzelchakra können sich Wut, Zorn, Hass und Aggressionen aller Arten aufstauen. Falls wir diese Emotionen nicht loslassen, entsteht eine Blockade des Wurzelchakras. Wird sie über einen längeren Zeitraum hinweg nicht aufgehoben, stellen sich häufig Depressionen ein.

Bitte Erzengel Uriel, dir sanfte und sichere Wege zu deiner ganz persönlichen Heilung aufzuzeigen, und er wird dich lenken und begleiten. Man bringt Erzengel Uriel im Allgemeinen mit Kristallen roter Farbe in Verbindung, da er uns jedoch auch bei der Erdung behilflich ist, gilt er zugleich auch als Hüter aller Steine, die diesem Zweck dienlich sind.

Im Zusammenspiel mit der Kraft der Heilkristalle werden die himmlischen Energien Erzengel Uriels dir helfen, Vitalität, Stärke, Mut und Lebenswillen in dir zu wecken und dich in der Gegenwart wohlzufühlen. Er leitet dich durch die folgenden Heilmeditationen, für die wir vier verschiedene Kristalle verwenden. Wenn du magst, kannst du aber auch gern für alle vier Prozesse ein und denselben Stein benutzen.

Einstimmungsmeditation: Granat
Reinigungsmeditation: Hämatit
Hauptmeditation: Rubin
Abschluss und Schutzmeditation: Schwarzer Turmalin

Einstimmungsmeditation mit Granat

Geschichte, Mythologie, Überlieferung

Seinen Namen verdankt dieser Kristall seiner Ähnlichkeit mit den Kernen von Granatäpfeln. Als Energiespender war diese Frucht vor allem in Persien sehr beliebt. Im Mittelalter genoss der Granat einen gewissen Ruf als »Medizinstein«. Man pulverisierte ihn und verabreichte Granattinkturen als Arznei. Auch als Talisman war dieser Stein sehr beliebt.
Sternzeichen: Schütze

Heilende Wirkung auf den Körper

Die Mineralfarbe Rot steht für die Regeneration des Blutes und kurbelt den Kreislauf an. Granat wirkt energetisierend auf Herz und Lunge und gleicht den Sexualtrieb aus.

Heilende Wirkung auf den Geist

Granat inspiriert uns, unseren Weg zu gehen, und hilft, schwierige Lebenssituationen zu meistern. Er stärkt unseren Lebenswillen und unsere Entschlusskraft und fördert die Öffnung des Herzens. Vor allem hilft er uns, Wut und Zorn, die wir gegen uns selbst richten, zu kontrollieren. Darüber hinaus verstärkt er unsere Leidenschaft für kreative Projekte, die uns am Herzen liegen, sei es die Anfertigung einer Handarbeit, das Bauen eines Hauses, das Schreiben eines Buches oder auch die Gründung einer Familie.

Praktische Anwendung

Auflegung auf das Wurzelchakra.

Vorbereitung auf die Kristallmeditation
Strecke dich im Liegen gerade aus, leg dir den Heilstein aufs Schambein. Die Hände liegen flach neben deinem Körper. Erde dich, indem du goldenen Wurzeln in die Erde wachsen lässt.

Atme tief ein und erlaube dir zu spüren, dass dich Erzengel Uriel mit seinen Engelsflügeln sacht umarmt. Du fühlst dich geschützt und geborgen. Eine Weile genießt du diese himmlische Umarmung. Richte dann deine Aufmerksamkeit allmählich auf den Granat, der auf deinem Schambein liegt. Er strahlt eine wunderbare, sanft-rote Energie aus. Diese Heilungsenergie leitet er an dein Wurzelchakra weiter.

Atme wieder tief ein und werde dir bewusst, dass die Energien des Granates sich mit den himmlischen Energien Erzengel Uriels verbinden.

Eine Welle roten Kristalllichts, gepaart mit dem himmlischen Licht Erzengel Uriels durchflutet dich. Jede Zelle deines Körpers nimmt die feinstoffliche Nahrung begierig auf.

Beim Ausatmen lass alles, was nicht Liebe ist, los.

Mit jedem Atemzug werden die sanft-roten Wellen der Heilung stärker und die Energien des Kristalls intensiver. Atme mehrere Male sanft ein und tief aus.

Bald wirst du spüren, wie sich dein Wurzelchakra mit der wärmenden, lebendigen Energie des Granats anfüllt und dein Energiepegel steigt. Du fühlst dich ruhig und entspannt. Du erlaubst Erzengel Uriel und dem Kristalldeva des Granatsteins, alte emotionale Muster für dich zu reinigen, zu lösen und zu heilen.

Verbleib solange in der Meditation, wie du möchtest. Zuletzt bedankst du dich bei Erzengel Uriel und dem Kristalldeva des Granats für die Heilung, die sie dir haben zukommen lassen.

Reinigungsmeditation mit Hämatit

Geschichte, Mythologie, Überlieferung

Im Mittelalter war man der Auffassung, Hämatit könne Blutungen stillen, deshalb gab man ihn Kriegern als Amulett mit in die Schlacht, um nötigenfalls Wunden versorgen zu können. Die Bezeichnung »Blutstein«, die sich für diesen Stein eingebürgert hat, stammt ursprünglich von Hildegard von Bingen. Ein gewisser Zachalis aus Babylon schrieb dem Hämatit die wunderbare Gabe zu, seinen Besitzer jeden Prozess und jeden Feldherrn jede Schlacht gewinnen zu lassen. Sicherheitshalber fügte er hinzu: »Vorausgesetzt natürlich, dass nicht auch der gegnerische Feldherr einen derart siegessicheren Blutstein in der Schlacht bei sich trägt.«

Sternzeichen: Widder

Heilende Wirkung auf den Körper

Hämatit ist vor allem für seine stabilisierende und schützende Wirkung auf Geist, Körper und Seele bekannt. Er führt dem Körper Energie zu und hilft dem Blut, sich mit Eisen anzureichern. Er stabilisiert den Kreislauf und hilft bei der Regulierung der Körpertemperatur. Hämatit unterstützt die Nieren und nach Knochenbrüchen den Heilungsprozess. Aufgrund seiner erdenden Wirkung hilft er auch in akuten Stresssituationen und bei Schlaflosigkeit.

Heilende Wirkung auf den Geist

Hämatit fördert Optimismus, Willenskraft und Durchhaltevermögen. Auch in scheinbar aussichtslosen Situationen gibt er Mut. Da er das Selbstbewusstsein hebt und die Entschlossenheit stärkt, kann er gegen Süchte bei der Entwöhnung helfen, beim Loslassen von Zwängen. Der Hämatit löst negative Energien auf und schützt unser Energiefeld.

Praktische Anwendung

Auflegung auf das Wurzelchakra oder 10 bis 20 Zentimeter unterhalb des Wurzelchakras auf den Boden legen.

Vorbereitung auf die Kristallmeditation

Streck dich im Liegen gerade aus und leg den Hämatit auf dein Wurzelchakra, welches sich in der Region des Steißbeins befindet oder 10 bis 20 cm unterhalb auf den Boden (siehe oben).

Stimme dich ganz allmählich auf diesen wunderbaren Heilstein ein. Spür seine Strahlkraft. Atme nach einer Weile tief ein und bitte Erzengel Uriel, sich mit dir und dem Hämatit zu verbinden. Bald schon wirst du die himmlischen Energien wahrnehmen, die dich und den Hämatit durchfluten.

Lass beim Ausatmen Stress und Anspannungen aus deinem Körper in die Erde fließen.

Stell dir beim nächsten Atemzug vor, dass goldene Wurzeln aus deinen Fußchakren sprießen. Diese Wurzeln wachsen bis hinab zum Erdmittelpunkt. Dort treffen sie auf einen wunderschönen großen Hämatit.

Erlaube deinen Wurzeln, sich an dem Heilkristall festzusetzen. Da sie innen hohl sind, nimmt dein Wurzelchakra schon mit dem nächsten Atemzug die wohltuenden Energien des Hämatits auf. Beim Einatmen erfüllt er dich mit seiner erdenden Kraft, die durch deinen ganzen Körper fließt. Erzengel Uriel lenkt die heilende Energie des Hämatits genau an die Stellen, an denen sie am meisten gebraucht wird.

Konzentrier dich ganz auf deinen Atem. Atme die wunderbare Energie des Hämatits ein und alle Energien, die dir in deinem Leben nicht mehr dienlich sind, aus.

Neue Energie ein … alte Energie aus …

Bald wirst du dich geerdet fühlen, verbunden mit dir selbst und mit Mutter Erde. Alte Ängste werden aufgelöst. Gib dich diesem Reinigungsprozess ganz und gar hin und erlaube Erzengel Uriel und dem Reich der Kristalle, maximale Heilarbeit zu leisten.

Wenn du intuitiv spürst, dass du genug Energie getankt hast, und dich gut geerdet fühlst, entferne deine goldenen Wurzeln von dem großen Hämatitbrocken und ziehe sie bis in die obersten Schichten der Erde hinauf, wo sie für die nächste Kristallmeditation verbleiben dürfen. Bedanke dich bei dem Elementarwesen des Hämatitkristalls und bei Erzengel Uriel für die Heilung, die sie dir haben zuteil werden lassen.

Hauptmeditation mit Rubin

Geschichte, Mythologie, Überlieferung

Richard Löwenherz trug einen Mantel, der reich mit Rubinen verziert war. Nicht ohne Grund: Schließlich sagte man von diesen Steinen, dass sie ihrem Besitzer Mut und Tapferkeit verliehen. Bereits im Altertum sollen Rubine in Wacholderöl getaucht worden sein, um dann einen Schutzkreis um Krankenstuben damit zu ziehen. Dies sollte die Pest und andere Seuchen fernhalten.

Sternzeichen: Löwe

Heilende Wirkung auf den Körper

Rubin lädt unsere Batterien mit frischer Lebensenergie auf, ist jedoch auch mit einer gewissen Vorsicht einzusetzen, da er bei sensiblen Menschen Blutdruck und Körpertemperatur erhöhen kann. Er wirkt entschlackend und reinigt den Körper, vor allem Blut und Lymphgewebe. Heilsame Wirkung können Rubine auch auf das Herz haben.

Heilende Wirkung auf den Geist

Rubin stärkt das Gefühl für den eigenen Wert und fördert die Selbstsicherheit. Daher kann er uns helfen, unser Lebensziel nicht aus den Augen zu verlieren und unserem Weg treu zu bleiben. Er stärkt das Konzentrationsvermögen und schärft den Verstand. Rubin stärkt uns in der Liebe zu anderen und zeigt uns neue Wege der Zuneigung. Er verbindet die Kreativität, die im Wurzelchakra residiert, mit der Liebe, die im Herzchakra beheimatet ist.

Praktische Anwendung
Auflegung auf das Wurzelchakra oder auch Herzchakra.

Vorbereitung auf die Kristallmeditation
Strecke dich im Liegen gerade aus, lege den Heilkristall auf das Chakra, mit dem du arbeiten möchtest. Deine Arme liegen entspannt neben deinem Körper. Versichere dich, dass du gut geerdet bist.

Lade Erzengel Uriel ein, dich auf dieser Heilkristallreise zu begleiten. Gleich wirst du seine strahlenden Energien spüren.

Atme sanft ein und richte deine innere Aufmerksamkeit auf den Kristalldeva des leuchtendroten Rubins, der auf deinem Körper ruht.

Beim Ausatmen lässt du all deine üblichen Zweifel an dir selbst los. Gib deine selbstkritischen Gedanken ab und lass dich in die Arme Erzengel Uriels fallen. Je mehr du ihm erlaubst, dich zu lieben, zu unterstützen und zu heilen, desto mehr Energie der Liebe und des Lichts kann er dir zuführen.

In einem einzigen heiligen Atemzug verschmelzen jetzt die kraftvollen Strahlen Erzengel Uriels mit dem Licht des Rubin-Devas. Du spürst, wie du von ihrer unendlichen Liebe durchflutet wirst. Die leuchtenden Strahlen des Heilkristalls fließen in dein Wurzelchakra ein und entfachen dort das Feuer der Kreativität und der Liebe.

Lass dir mit jedem Atemzug mehr von diesen heilenden Energien zuführen. Atme die Kraft der Liebe ein und lass beim Ausatmen alte Emotionen los.

Nimm ein paar dieser heilenden Atemzüge. Je mehr du dich für diese Form der Heilung öffnest, desto deutlicher wird sie sich auf allen Ebenen deines Seins bemerkbar machen. Mit jedem Atemzug lodert das Feuer der Kreativität in deinem Wurzelchakra heller. Alle Reste alter, hinderlicher Emotionen fegt es hinweg.

Atme tief aus und überantworte Erzengel Uriel deinen Heilerfolg. Wenn du am Ende dieser Kristallreise angekommen bist, bedank dich bei ihm und dem Kristalldeva für ihre Liebesdienste.

Abschluss und Schutzmeditation mit schwarzem Turmalin

Geschichte, Mythologie, Überlieferung

Der Name leitet sich vom singhalesischen *turamali* ab und bedeutet »ascheziehend«, denn wenn Turmalin erwärmt oder gerieben wird, lädt er sich auf und zieht Staub und andere Partikelchen an. Er tritt in vielen verschiedenen Farben auf, wird für schamanische Heilreisen verwendet und soll bei der Wahrheitssuche helfen.
Sternzeichen: Stier

Heilende Wirkung auf den Körper

Turmalin hilft elektromagnetische Strahlen abzulenken, die sich aufgrund der Verwendung von Computern, Mobiltelefonen, Mikrowellenherden, Fernsehern und Radiogeräten im menschlichen Energiefeld ansammeln. Als Anhänger um den Hals getragen, schützt er vor diesen Strahlen. Der schwarze Turmalin stärkt darüber hinaus das Immunsystem und wirkt schmerzlindernd.

Heilende Wirkung auf den Geist

Schwarzer Turmalin hilft negative Gedankenmuster loszulassen und schützt vor unerwünschten geistigen Einflüssen. Aufgrund seiner erdenden Fähigkeiten erleichtert er uns auch in Stresssituationen klares Denken und Handeln.

Praktische Anwendung

Auflegung auf das Wurzelchakra.

VORBEREITUNG AUF DIE KRISTALLMEDITATION
Streck dich im Liegen bequem aus und leg dir den Heilstein aufs Schambein. Achte darauf, dass du gut geerdet bist.

Nimm dir ein paar Minuten Zeit, um dich auf die Schwingungen des schwarzen Turmalins einzustellen. Schon bald wirst die Energie dieses Anti-Stress-Heilsteins wahrnehmen.

Lade dann Erzengel Uriel ein, dir bei dieser Kristallmeditation zur Seite zu stehen. Schon mit dem nächsten Atemzug spürst du, wie sich seine Energien mit denen des Turmalins verbinden. Eine Welle der Heilung dringt in dein Wurzelchakra ein. Beim Ausatmen bist du fest davon überzeugt, dass Erzengel Uriel dir helfen wird, deine alten negativen Denkmuster loszulassen.

Je tiefer du einatmest, desto mehr heilende Energien kann dein feinstofflicher Körper aufnehmen. Und je tiefer du ausatmest, desto mehr Platz machst du für die erdenden und stärkenden Energien des Turmalins.

Wenn du spürst, dass du genügend Heilenergie aufgenommen hast, siehst du mit deinem Dritten Auge, wie sich der Turmalin, der auf deinem Körper liegt, mit jedem Atemzug vergrößert. Er wächst und wächst, und seine Heilstrahlen werden immer kräftiger. Der Kristall bildet nun vor deinem inneren Auge eine Kristallhülle aus, die groß genug ist, dich ganz zu umfassen. Der Kristalldeva lädt dich ein, mit einem Schritt in die Turmalin-Schutzhülle einzudringen. Du folgst seiner Aufforderung, atmest tief ein und befindest dich im Inneren des Heilkristalls, umgeben von seinen schützenden, heilenden Energien. Solange du es möchtest wird dich der Deva des schwarzen Turmalins vor schädlichen Strahlungen und geistigen Attacken schützen und dir zusätzlich noch die Kraft geben, klare Gedanken zu fassen, damit du in deinem höchsten Interesse zu handeln vermagst.

Bedank dich bei dem Kristalldiva und bei Erzengel Uriel. Deine Schutzhülle kannst du so lange behalten, wie sie dir von Nutzen ist.

Kristallheilung mit Erzengel Gabriel

In diesem Kapitel arbeiten wir mit den Energien Erzengel Gabriels, der mit dem göttlichen Strahl der Schönheit und Kunst verbunden ist. Dies ist auch der göttliche Strahl, der uns Harmonie durch Konflikt lehrt. Wenn du also in einer Konfliktsituation Erzengel Gabriel um Beistand bittest, wird er dir neue Wege der Heilung eröffnen.

Erzengel Gabriel ist Wächter und Hüter des dem Sakralchakra zugeordneten orangefarbenen Strahls. Dieser ist energetisch gesehen männlich, er wirkt wärmend und hilft uns, unsere Energiereserven wieder aufzufüllen.

Wenn das Sakralchakra blockiert ist, mangelt es uns an Selbstbewusstsein, und wir zweifeln an unseren Talenten und Fähigkeiten. In unseren Vorhaben sind wir schwankend und haben Mühe, uns durchzusetzen. Blockaden in diesem Chakra führen auch oft zu abhängigem Verhalten in Sachen Drogen, Alkohol, Sex oder Essen, um nur einige Beispiele zu nennen.

Erzengel Gabriel wird oft mit den orangenfarbenen Kristallen in Verbindung gebracht, die er bewacht und behütet. Mit deren Heilkraft zusammen flößt er uns Lebenskraft ein und vermittelt uns den Glauben an unsere eigene Kreativität. Mithilfe der Heilkristalldevas kann uns Erzengel Gabriel auch Humor und Heiterkeit ins tägliche Leben bringen.

Er wird dich durch die folgenden Kristallheilungen begleiten, für die ich vier verschiedene Steine vorschlage. Wenn unter ihnen aber einer ist, den du ganz besonders magst, kannst du ihn ruhig auch für alle vier Meditationen verwenden.

Einstimmungsmeditation: roter Karneol
Reinigungsmeditation: Citrin
Hauptmeditation: Mondstein
Abschluss und Schutzmeditation: Orangencalcit

Einstimmungsmeditation mit rotem Karneol

Geschichte, Mythologie, Überlieferung

Der Name Karneol leitet sich aus dem lateinischen *corneus* (»hornartig«) ab. Im Volksmund galt dieser Stein als ein Mittel zur Blutstillung, das auch vor Fehlgeburten bewahren sollte. Im Mittelalter trug man ihn als Amulett zum Schutz vor Melancholie und anderen Schwächen im Gefühlsbereich. Das vorislamische Standbild des Gottes Hubal, das in der Kaaba in Mekka untergebracht war, wurde der Überlieferung zufolge aus rotem Karneol gefertigt.
Sternzeichen: Wassermann

Heilende Wirkung auf den Körper

Roter Karneol wirkt blutstillend und fördert die Wundheilung. Er stimuliert den Kreislauf (auch bei Wetterfühligkeit), ohne den Blutdruck zu erhöhen.

Heilende Wirkung auf den Geist

Roter Karneol stärkt Willenskraft und Ausdauer, hilft bei der Verwirklichung des Lebensziels und beim Aufbau eines gesunden Selbstbewusstseins. Er unterstützt die Suche nach positiven Lösungsstrategien in Konfliktsituationen. Zusätzlich hilft er bei nervlich bedingten Blockaden, zum Beispiel gegen Lampenfieber oder bei Konzentrationsstörungen in Prüfungen.

Praktische Anwendung

Auflegung auf den Bauch zwischen Schambein und Nabel oder direkt auf ein schmerzendes Organ in diesem Bereich.

Vorbereitung auf die Kristallmeditation

Nimm eine bequeme Lage ein und leg den roten Karneol auf den Körperteil, den du heilen möchtest. Bitte erde dich, indem du goldene Wurzeln in den Erdboden sprießen lässt.

Nimm dir genug Zeit, um dich auf den wundervollen Heilkristall, der auf deinem Bauch liegt, einzustimmen. Der Karneol fühlt sich angenehm und warm an.

Dein Atemrhythmus wird flacher und flacher ... du fühlst dich mehr und mehr entspannt ...

Du bist dir bewusst, dass sich die himmlischen Energien Erzengel Gabriels mit dir verbinden und sein Licht dich durchflutet. Ein Gefühl der Freude und des Friedens überkommt dich. Nun bittest du Erzengel Gabriel, dich auf dieser Heilreise zu begleiten. Du holst tief Luft, und dabei vermischen sich die Energien des Erzengels mit denen des Karneols. Die Kräfte des Himmels und der Erde dringen vereint in dein Sakralchakra ein.

Die heilende Energie des Kristalls erfüllt deinen Unterbauch mit warmen, orangenen Farbstrahlen, die dich entspannen und dir ein Gefühl der Geborgenheit vermitteln. Mit jedem weiteren Atemzug flutet mehr und mehr orangenfarbenes Licht in dein Chakrasystem, bis du dich von Kopf bis Fuß entspannt fühlst.

Nun siehst du mit dem Dritten Auge, wie Erzengel Gabriel mit seinen magischen Engelhänden einige Karneole kreisförmig auf dein Sakralchakra legt. Die Kristalle umgeben das Chakra und die dazugehörigen Organe und bestrahlen sie mit wunderbar leuchtender Energie.

Du kannst diese Kristalle so lange im Sakralchakra belassen, bis du einen Heilungserfolg spürst, der physischer, mentaler oder emotionaler Natur sein kann. Der orangefarbene Heilkreis wird dich entspannen und dir darüber hinaus Willenskraft und Ausdauer bescheren. Bedank dich bei Erzengel Gabriel und dem Kristalldeva des Karneols für ihren Beistand.

Reinigungsmeditation mit Citrin

Geschichte, Mythologie, Überlieferung

Im alten Rom trugen Soldaten den Citrin als Lebensstein in der Brustplatte ihrer Rüstung. Auch die alten Ägypter sollen ihn schon verwendet haben – als Massagestein gegen Hautunreinheiten. Echter Citrin ist heutzutage ziemlich selten; meistens kommt er aus Brasilien, Madagaskar oder Russland. Kleinere Fundstellen gibt es auch in Spanien, Frankreich und Schottland.
Sternzeichen: Jungfrau

Heilende Wirkung auf den Körper

Citrin wirkt wärmend und stimulierend auf die drei niederen Chakren (Wurzel-, Sakral- und Solarplexus-Chakra). Im Bereich des Sakralchakras hilft er gut bei Verdauungsproblemen sowie gegen Nieren- und Blaseninfektionen. Er ist ein gutes Nerventonikum, eignet sich als Antistressstein und wirkt entschlackend.

Heilende Wirkung auf den Geist

Citrin wirkt wohltuend auf den Magen und hilft auch gegen Depressionen. Zudem unterstützt er uns dabei, herauszufinden, was uns wirklich Freude bereitet. Citrin gibt uns den Mut, ganz wir selbst zu sein, da er unseren Selbstwert erhöht und so unsere Individualität fördert. Er hilft uns eine positive Lebenseinstellung zu finden und der Zukunft optimistisch entgegenzusehen.

Praktische Anwendung
Auflegung auf das Sakralchakra oder ein Organ in diesem Bereich.

Vorbereitung auf die Kristallmeditation
Nimm im Liegen eine bequeme Haltung ein und leg den Citrin auf die bloße Haut. Achte darauf, dass du gut geerdet bist.

Atme tief ein und lass die Strahlung des Citrins auf dich wirken. Während du ausatmest, stell dir vor, dass jetzt alles, was dir in dieser Phase deines Lebens nicht mehr dienlich ist, dein Energiesystem verlässt. Wiederhole diesen Prozess noch einige Male mit jedem Atemzug und erlaube alten Ängsten und depressiven Energiemustern, dein Sakralchakra zu verlassen.

Wenn du so weit bist, bittest du Erzengel Gabriel, in dein aurisches Feld einzutreten, und heißt ihn herzlich willkommen. In dem Moment, in dem du dich mit ihm verbunden fühlst, schlägt dein Herz höher. Das himmlische Licht Erzengel Gabriels fließt in den Citrin und verstärkt und erhellt seine wunderbare Kraft. Du spürst direkt, wie der Kristalldeva vor Freude hüpft und springt, weil er die Ehre hat, sich so intensiv mit der Energie des Erzengels verbinden zu dürfen.

Nun atmest du tief ein und beobachtest, wie sich die geballte Kristallenergie in kleine geladene Citrinkügelchen verwandelt, die blitzschnell durch deine Chakren schießen und alle Negativität absorbieren. Beim Ausatmen bemerkst du, wie die matt und stumpf aussehenden Heilkristallkügelchen, die nun mit deinen negativen Emotionen und Verhaltensmustern gefüllt sind, deine Chakren verlassen. Erzengel Gabriel nimmt sie dankend entgegen und bringt sie zurück zur Quelle des Seins. Dort werden sie in Licht und Liebe verwandelt.

Je mehr von deinem alten »Ego-Selbst« du Erzengel Gabriel übergibst, desto größer ist seine Freude, denn der Lohn für seine himmlische Arbeit auf Erden ist dein spiritueller Fortschritt.

Bedank dich bei Erzengel Gabriel und dem Kristalldeva des Citrins für ihre Unterstützung auf deiner Heilreise.

Hauptmeditation mit Mondstein

Geschichte, Mythologie, Überlieferung

Dem Mondstein, der im Volksmund auch Wasseropal oder Fischauge genannt wird, spricht man die Fähigkeit zu, das Erinnerungsvermögen an Träume zu stärken, beim Schlafwandeln zu beschützen oder es sogar zu verhindern. Er gilt als Frauen-Stein und wird gern als Amulett getragen, um die Hellsichtigkeit zu fördern.

Sternzeichen: Krebs

Heilende Wirkung auf den Körper

Mondstein gleicht Biorhythmus und Verdauung aus, und vor allem bei Frauen sind seine heilenden Strahlen gut für den Hormonhaushalt. Da dieser Stein krampflösend wirkt, hilft er Menstruationsbeschwerden zu lindern. Auch während der Menopause kommen seine heilsamen Einflüsse zum Tragen. Mondstein beruhigt und empfiehlt sich daher zur unterstützenden Behandlung stressbedingter körperlicher Erkrankungen.

Heilende Wirkung auf den Geist

Der Mondstein, der auch als Stein des Neuanfangs bekannt ist, erhöht die Schwingungsfrequenz und stärkt die Intuition. Seine bedeutendste Heilwirkung besteht in der Besänftigung und dem Ausgleich der Gefühle. Genau wie das silberne Mondlicht wirkt auch dieser Stein emotional kühlend.

Praktische Anwendung

Auflegung auf das Sakralchakra oder Organe, die Heilung benötigen.

Vorbereitung auf die Kristallmeditation

Leg dich bequem hin. Der Mondstein kommt in die Region des Sakralchakras, möglichst auf bloßer Haut. Bitte erde dich.

Atme sanft ein und erlaube dir dabei, dich mit den Schwingungen des Mondsteins zu verbinden. Der Heilkristall fühlt sich sanft und freundlich an. Du entspannst dich mit jedem Atemzug mehr. Bald bekommst du das Gefühl, dass du dich mit dem Kristalldeva des Mondsteins intuitiv verständigst, dass er Teil deines Selbst wird. Zusammen mit der Heilenergie des Kristalls durchflutet dich eine Welle von Dankbarkeit und Freude.

Nun lädst du Erzengel Gabriel ein, in dieser Selbstheilungsmeditation mit dir zu arbeiten. Wie immer ist er nur einen Atemzug von dir entfernt. Schon fühlst du seine himmlische Energie an deiner Seite. Nun durchströmt sein Licht den Mondstein, dessen gelbsilbriger Schimmer zusehends kraftvoller wird.

Mit deinem Dritten Auge siehst du Erzengel Gabriel vor dir stehen. Er hält den Mondstein in seiner Hand. Mit jedem deiner Atemzüge wird der Heilkristall größer und größer. Bald muss ihn Erzengel Gabriel auf dem Boden absetzen. Dort wächst er so lange weiter, bis er die Größe eines Kristallberges erreicht hat.

Sowie du deine Aufmerksamkeit auf den riesigen Kristall richtest, bemerkst du darin ein Tor, das sich langsam öffnet. Dem Inneren des Mondkristalls entströmt ein feines, seidiges Licht. Es fordert dich auf, in den Stein einzutreten. Du zögerst nicht, dieser Einladung Folge zu leisten. Im inneren Heiligtum des Heilkristalls fühlst du dich sicher und geborgen, die sanften, heilenden Energien des Mondsteins durchströmen dich. Jetzt ist ein lichtvoller Heilungsprozess in Gang gesetzt. Genieße ihn und bleib so lange im Inneren des Kristalls, wie du magst.

Wenn du spürst, dass du für dieses Mal genug Heilung empfangen hast, trittst du wieder aus dem Kristall heraus und überlässt ihn der Obhut Erzengel Gabriels. Bedank dich bei ihm und dem Deva des Mondsteins herzlich für ihren Liebesdienst.

Abschluss und Schutzmeditation mit Orangencalcit

Geschichte, Mythologie, Überlieferung

Calcit beschleunigt die spirituelle Entwicklung und ist unserer Verbindung mit den Sphären des höheren Bewusstseins zuträglich. Da er die Hellsichtigkeit fördert, wurde er von den Priesterinnen in den Traumtempeln Delphis verwendet.

Sternzeichen: Jungfrau

Heilende Wirkung auf den Körper

Orangencalcit eignet sich hervorragend zur Reinigung der drei niederen Chakren, des Wurzel-, Sakral- und Solarplexus-Chakras. Er kurbelt die Verdauung an und stärkt das Immunsystem. Zudem wirkt er sich positiv auf die Versorgung der Knochen mit Kalzium aus, fördert ihr Wachstum und den Gesundungsprozess nach Frakturen. Darüber hinaus hat er heilenden Einfluss auf die Fortpflanzungsorgane.

Heilende Wirkung auf den Geist

Orangencalcit stärkt das Selbstbewusstsein; er regt dazu an, den eigenen kreativen Impulsen zu folgen und sich so zu akzeptieren, wie man ist. Er hilft uns Ängste zu überwinden und wirkt sich insgesamt beruhigend auf das Gefühlsleben aus. Er verhilft zu einer realistischen, von keiner Furcht getrübten Weltsicht und fördert die Heilung des inneren Kindes, das in jedem von uns schlummert. Die wärmende Energie des Orangencalcits empfiehlt sich auch gegen Depressionen und Zukunftsängste.

Praktische Anwendung

Auflegung auf das Sakralchakra oder einen schmerzenden Körperteil (gern auch auf einen gebrochenen beziehungsweise schlecht heilenden Knochen).

Vorbereitung auf die Kristallmeditation
Streck dich im Liegen gerade aus und leg den Calcit auf die Stelle, die du heilen möchtest, möglichst auf die bloße Haut, um die Wirkung zu verstärken. Bitte versichere dich, dass du gut geerdet bist.

Stimme dich auf den Orangencalcit ein, indem du dich mental mit seinem Deva verbindest und ihn willkommen heißt.

Atme tief ein und erlaube dabei den sonnigen Strahlen dieses Heilkristalls, in dein Sakralchakra zu fließen. Atme sanft wieder aus.

Dies wiederholst du ein paar Mal. Mit jedem Atemzug fühlst du dich entspannter. Ein wohliges Gefühl breitet sich in deinen Gliedern aus.

Bald spürst du, dass es Zeit ist, Erzengel Gabriel einzuladen und ihn zu bitten, dich durch diese Kristallmeditation zu begleiten. Von diesem Ersuchen und der Sehnsucht in deinem Herzen wird er in Blitzesschnelle angezogen. Du fühlst dich ganz von seinen allumfassenden liebevollen Energien umgeben. Der himmlische Strahl Erzengel Gabriels vermischt sich mit dem des Heilkristalls. Diese wunderbare Kraft atmest du nun in deine Chakren ein.

Du lässt die Energie in dein Kronenchakra einströmen, und von dort gelangt sie durch das Dritte Auge, das Kehlkopf-, Herz- und Solarplexus-Chakra bis hinab ins Sakralchakra. Atme aus und lass alte Ängste los ...

Atme wieder tief ein und lass noch mehr von dieser leuchtenden, wohligen Energie in deine niederen Chakren fließen. Mach so weiter, bis du dich regeneriert und mit neuer Lebenskraft aufgeladen fühlst.

Wenn du so weit bist, legt Erzengel Gabriel einen pyramidenförmigen Calcit auf dein Sakralchakra. Das ist eine starke Energie, die bis in die Tiefe wirkt und dir zu wunderbaren Heilerfolgen verhilft. Zum Abschluss legt der Erzengel seine

Flügel ganz eng um deinen Körper, und du spürst, dass dich diese himmlische Energie bestens beschützt und behütet. Bedanke dich bei Erzengel Gabriel und dem Kristalldeva für ihre Fürsorge.

Kristallheilung mit Erzengel Jophiel

Weiter geht die Arbeit an unserer Selbstheilung mit Erzengel Jophiel, der mit dem göttlichen Strahl der Liebe und der Weisheit verbunden ist. Dies ist auch der Strahl des Erwachens zur eigenen Lebensmission. Dies ist die Richtung, in die Erzengel Jophiel dich führen wird. Mit seiner Hilfe erfährst du auch, welche Lebenserfahrungen du noch machen musst, um auf deiner spirituellen Leiter weiter nach oben zu kommen. Erzengel Jophiel hilft, karmische Lernprozesse zu verstehen, und bringt Licht ins Dunkel, wenn es auf deinem Lebensweg erforderlich ist.

Er bewacht und vertritt den gelben Farbstrahl und arbeitet mit dieser Energiefrequenz an der Heilung des Solarplexus-Chakras. Wenn dieses Chakra blockiert ist, fühlen wir uns oft gestresst, leiden unter Konzentrationsschwierigkeiten und bekommen schlimmstenfalls sogar Magengeschwüre. Schwere Blockaden im emotionalen Bereich können zu Angstzuständen und Panikattacken führen, aber auch zu Wut auf sich selbst und andere, weil man das Gefühl hat, sich nicht verwirklichen zu können.

Mit Hilfe Erzengel Jophiels bringen der gelbe Strahl und die mit ihm verbundenen Kristalle Heilung in das Solarplexus-Chakra. Der gelbe Farbstrahl steht für männliche Energie und belebt unsere Intelligenz, Klarheit, Ausdauer und Selbstkontrolle. Auch hilft er uns, unsere Sehnsucht und unser Verlangen im Einklang mit unserem Selbst und unserer Umwelt zu erfüllen. Der gelbe Strahl und die ganze Familie der gelben Kristalle spenden uns Freude und bringen Fröhlichkeit in unser Leben. Sie wirken auflockernd und strahlen Mut aus. Ich nenne sie daher auch gern »spirituellen Champagner«.

Im Verbund mit dem Reich der Kristalle nimmt dir Erzengel Jophiel deine Ängste und beschenkt dich mit Selbstvertrauen und Selbstsicherheit. Er begleitet und führt dich nun durch die folgenden vier Kristallheilungen. Ich habe dafür wieder vier verschiedene Steine ausgewählt. Doch wenn du möchtest, kannst du auch für alle Meditationen ein und denselben verwenden.

Einstimmungsmeditation: roter Jaspis
Reinigungsmeditation: Bernstein
Hauptmeditation: Goldtopas
Abschluss und Schutzmeditation: Tigerauge

Einstimmungsmeditation mit rotem Jaspis

Geschichte, Mythologie, Überlieferung

In der Antike hielt man den Jaspis für einen »Regenmacher«. Als Amulett trug man ihn auch, um Albträume und wilde Tiere abzuhalten.
Sternzeichen: Widder

Heilende Wirkung auf den Körper

Jaspis unterstützt den Mineralhaushalt und ist daher der Gesundheit und Vitalität im Allgemeinen zuträglich. Speziell wirkt er positiv auf die Verdauung und das Immunsystem ein. Der Heillehre Hildegard von Bingens zufolge erzielt man mit Jaspis, zu Scheiben geschliffen und kühl in der Herzpartie aufgelegt, gute Erfolge.

Heilende Wirkung auf den Geist

Da roter Jaspis beim Abschalten und Entspannen hilft, eignet er sich besonders als Handschmeichler oder »Worry Bead«. Er regt den Energiehaushalt an und gibt neue Kraft, verschafft uns Geistesgegenwart, schärft Wachsamkeit und Aufmerksamkeit für das tägliche Leben. Über Konzentrationsschwierigkeiten und geistige Müdigkeit hilft er uns mit frischer Energie hinweg. Zudem stärkt und stabilisiert roter Jaspis die Aura.

Praktische Anwendung

Auflegung auf das Solarplexus-Chakra, gegebenenfalls auch aufs Herzchakra.

Vorbereitung auf die Kristallmeditation

Strecke dich im Liegen aus und leg den Heilkristall in die Region des Nabels (oder Herzens), nach Möglichkeit auf die bloße Haut, um die Wirkung zu verstärken. Bitte versichere dich, dass du gut geerdet bist.

Atme sanft ein und widme deine innere Aufmerksamkeit ganz dem Heilkristall, der auf deinem Solarplexus-Chakra ruht. Von dem Stein geht eine beruhigende Schwingung aus. Du spürst, wie du dich mit jedem Atemzug mehr und mehr entspannst.

Jetzt lädst du Erzengel Jophiel ein, dir für diese Einstimmungsmeditation seine Energie zu schenken. Schon mit dem nächsten Atemzug fühlst du seine erhebenden Schwingungen in deinem Energiefeld. Die strahlende, freundliche Energie Erzengel Jophiels umhüllt dich von Kopf bis Fuß, du fühlst dich geborgen, behütet und geliebt. Nun verschmilzt dieser wunderbare Erzengel seine Energien mit denen des gelben Jaspis. Du spürst, wie sich der Stein mit jedem Atemzug mehr und mehr erwärmt und an Volumen und Energie zunimmt. Atme aus und lass die Last deiner Gedanken los. Gib sie an Erzengel Jophiel ab, der sie dankend annimmt. Atme sanft ein und tief wieder aus.

Mittlerweile ist der gelbe Jaspis so gewachsen, dass der gesamte Bereich deines Solarplexus von seiner ruhigen, friedlichen Energie bedeckt ist. Mit jedem Atemzug finden die Heilstrahlen des Kristalls ihren Weg tiefer und tiefer in deinen

Körper hinein. Alle Stressenergien, die sich in deinem Solarplexus-Chakra aufgestaut hatten, werden von diesen Heilkräften überstrahlt und neutralisiert.

Atme so lange ein und aus, bis du dich leicht fühlst und von allen mentalen und emotionalen Belastungen befreit. Lass dir von der Heilkraft des Kristalls und der himmlischen Energie Erzengel Jophiels all das Licht und all die Liebe schenken, die du in diesem Moment benötigst. Mit einem leichten, beschwingten Geist und körperlich ausgeruht wirst du aus dieser Heilmeditation zurückkehren. Bedanke dich bei Erzengel Jophiel und dem Kristalldeva für ihre Bemühungen.

Reinigungsmeditation mit Bernstein

Geschichte, Mythologie, Überlieferung

Im Altertum wurde vermutet, Bernstein bestehe aus dem Urin von Luchsen, während es in einer nordischen Sage heißt, es handele sich um die ins Meer gefallenen Tropfen der Göttin Freya. In Persien war Bernstein als Heilmittel gegen eine Vielzahl von Beschwerden bereits sehr früh bekannt.
Sternzeichen: Krebs

Heilende Wirkung auf den Körper

Bernstein beruhigt die Nerven und ist ein natürliches Antibiotikum, das auch die Wundheilung fördert. Besonders günstig wirkt er sich auf den gesamten Verdauungstrakt aus, hilft bei Magen- und Darmbeschwerden und Problemen mit Galle, Leber oder Milz. Da Bernstein auch wärmt, vermag er zudem rheumatische Beschwerden zu lindern. Durch seine Breitbandwirksamkeit hilft er dem Körper, wieder ins Gleichgewicht zu finden. Bernstein kann eine stimulierende Wirkung auf den Solarplexus ausüben und hilft uns, die Energien des Kosmos zu erden.

Heilende Wirkung auf den Geist

Bernstein bringt spirituelle Wärme in den Geist; dadurch erhöht sich unsere Schwingungsfrequenz und wir machen die Erfahrung einer gewissen Leichtigkeit. Es ist ein sanfter Stein, der uns fröhlich stimmt. Er schützt das aurische Feld und fördert so im täglichen Leben die Verbindung mit unserem heiligen höheren Selbst. Bernsteinenergie wirkt vitalisierend und beflügelt die Kreativität.

Praktische Anwendung

Auflegung auf das Solarplexus-Chakra beziehungsweise Organe in diesem Bereich.

Vorbereitung auf die Kristallmeditation

Streck dich im Liegen bequem aus und leg dir den Heilstein, möglichst auf bloßer Haut, in die Nabelgegend beziehungsweise auf die Körperstelle, die dir wehtut. Achte darauf, dass du gut geerdet bist.

Stimme dich auf den wundervollen Bernstein ein, der auf deinem Solarplexus-Chakra ruht. Lass deinen Körper von den wohltuenden goldenen Strahlen des Heilkristalls durchfluten. Die Energie des Bernsteins fließt durch deinen ganzen Leib. Mit jedem Atemzug fühlst du dich friedlicher und entspannter.

Bitte nun Erzengel Jophiel, dir bei dieser Kristallreise behilflich zu sein. Schon mit dem nächsten Atemzug empfängst du seine wunderbaren Schwingungen. Er umhüllt dich mit seiner fröhlichen, strahlenden Energie der Liebe und des Lichts und du spürst, dass du in seinen himmlischen Armen gut aufgehoben bist.

Der göttliche Strahl des Erzengels verbindet sich mit dem des Bernsteins, dessen Energie mehr und mehr zunimmt. Bald fühlst du, wie der Heilkristall ganz in deine Aura eindringt. Dort verflüssigt er sich, und seine leuchtend goldene Heilkraft fließt wie warmer Blütenhonig durch deinen feinstofflichen und physischen Körper. Ein sonniges Wonnegefühl überkommt dich. Und mit jedem weiteren Atemzug erlaubst du dir, dich tiefer in die Heilkristallmeditation fallen zu lassen.

Atme sanft ein und lass beim Ausatmen alles, was nicht Liebe ist, los. Atme ein und aus ... ein und aus ... Mit jedem Atemzug wird die Heilkraft des Bernsteins stärker und wandelt mehr und mehr deiner Ängste und Zweifel in die lichtvollen Energien des Selbstvertrauens und der Kreativität um.

Lass diesen wunderbaren Lichtprozess bewusst zu und erlaube den vereinigten Energien des Bernsteins und Erzengel Jophiels, wahre Wunder der Reinigung und der Heilung an dir zu vollbringen. Bedank dich zum Abschluss für diese wertvolle Energiebehandlung.

Hauptmeditation mit Goldtopas

Geschichte, Mythologie, Überlieferung

Da Topas angeblich Schutz vor Sturm versprach, trugen ihn Seefahrer in alten Zeiten gern als Amulett. Der Name leitet sich möglicherweise von einer Insel im Roten Meer ab, dem vermutlich ersten Fundort dieses attraktiven Steins. Im alten Rom wurde Goldtopas mit dem Gott Jupiter in Verbindung gebracht.
Sternzeichen: Löwe

Heilende Wirkung auf den Körper

Die heilenden Strahlen des Goldtopas entspannen, stärken das Solarplexus-Chakra und verbinden es mit dem Kronenchakra. Zudem fördern sie das Zellwachstum. Da Goldtopas auch hilft, den Stoffwechsel zu regulieren, wird er häufig unterstützend zur Behebung von Essstörungen verwendet.

Heilende Wirkung auf den Geist

Da Goldtopas die Verbindung mit unserem heiligen höheren Selbst fördert, hilft er, Glauben und Vertrauen in die eigenen

Fähigkeiten aufzubauen. Er unterstützt uns bei der Verwirklichung unserer Träume und schenkt uns Selbstvertrauen. Goldtopas verbessert unsere Kommunikation mit den himmlischen Gefilden und gibt Vertrauen in den heiligen Plan.

Praktische Anwendung

Auflegung auf das Solarplexus-Chakra oder diesem zugeordnete Organe.

Vorbereitung auf die Kristallmeditation

Streck dich bequem aus und leg den Goldtopas auf deine Nabelgegend. Für diese Kristallheilreise musst du besonders gut geerdet sein.

Stell dich bewusst auf die Energien des Goldtopas ein und verbinde dich mit jedem Atemzug mehr mit diesem Heilstein, der sich leicht und lebendig anfühlt. Bald spürst du ein wohltuendes Kribbeln im Bauch, das darauf hinweist, dass die Heilenergien wunderbar wirken.

Lade nun Erzengel Jophiel ein, dich auf dieser Kristallheilreise zu begleiten und dir seine Heilkräfte zur Verfügung zu stellen. Und schon ist der Erzengel an deiner Seite, und du bist von seiner strahlenden, heiteren Energie umgeben. Seine himmlische Strahlung verschmelzt mit der des Goldtopas, dessen Wirkkraft sich dadurch sofort um ein Vielfaches verstärkt.

Mit deinem inneren Auge beobachtest du nun, wie Erzengel Jophiel einen zu einer runden Scheibe geschliffenen Goldtopas auf deinen Solarplexus auflegt. Die Topasscheibe leuchtet und strahlt wie Hunderte von Sonnen. Du atmest einige Male sehr tief ein und aus, um in deinem Solarplexus-Chakra genügend Raum für diese Energie zu schaffen. Du lässt alte Denk- und Verhaltensmuster los, um Platz zu machen für himmlische Inspirationen und wunderbare Lebenskraft.

Unter den himmlischen Händen Erzengel Jophiels schraubt sich die Topasscheibe mit jedem Atemzug tiefer in dein Energiefeld hinein und strahlt prächtige Heilkraft sowohl auf deine feinstofflichen Körper als auch auf den physischen Leib aus. Wie bei der Sonne gehen von deiner Körpermitte jetzt Wonne und Lebenslust aus, die deinen ganzen Körper erreichen. Du spürst, wie sich ein inneres Lächeln vom Nabel aus über deine Chakren bis hin in die Aura ausbreitet.

Diese frohgemute, leuchtend gelbe Strahlung durchflutet, nährt, stärkt dich und erlaubt dir, dich intensiver mit deinem heiligen Selbst zu verbinden. Genieße diese Energien, solange du möchtest und bedank dich zum Abschluss beim Kristalldeva des Goldtopas, ganz besonders aber bei deinem persönlichen himmlischen Heiler Erzengel Jophiel.

Abschluss und Schutzmeditation mit Tigerauge

Geschichte, Mythologie, Überlieferung

Tigerauge (auch Quarzkatzenauge, Tigerit, Schillerquarz oder Wolfsauge genannt) wird gern als Schutzamulett getragen. Denn wer möchte es schon mit einem Tiger aufnehmen?
Sternzeichen: Stier

Heilende Wirkung auf den Körper

Tigerauge wirkt sich positiv auf die Fortpflanzungsorgane aus und hilft bei der Heilung von Knochenbrüchen. Bei Asthmaanfällen kann seine sanft erdende Energie Erleichterung bringen. Darüber hinaus ist dieser Heilstein wie Balsam für die Augen und stärkt die Sehkraft.

Heilende Wirkung auf den Geist

Aufgrund seiner Farbe und Kristallstruktur stellt Tigerauge eine Verbindung der Energien von Sonne und Erde dar. Da dieser Stein beider Eigenschaften und Stärken in sich vereinigt, hilft er bei der Integration der drei niederen Chakren

(Wurzel-, Sakral- und Solarplexus-Chakra). Tigerauge hilft gegen Stress und bei der Bewältigung von Alltagsproblemen. Es unterstützt die Entscheidungsfindung in praktischen Fragen und hilft, alle unsere gottgegebenen Talente gezielt und konstruktiv einzusetzen. Wenn wir allzu kopflastig und realitätsfremd sind, hilft uns das Tigerauge auf den Boden der Tatsachen zurück. Zugleich steht es uns bei der Verwirklichung unserer Träume bei.

Praktische Anwendung

Auflegung auf das Solarplexus-Chakra (gern aber auch auf die Augen oder andere erkrankte Körperpartien).

Vorbereitung auf die Kristallmeditation

Streck dich im Liegen bequem aus und leg den Heilkristall auf bloßer Haut in der Nabelgegend auf (oder wo er sonst gerade gebraucht wird). Wenn du nicht genau weißt, wo du das Tigerauge auflegen sollst, bitte Erzengel Jophiel um Beistand. Er wird dir die Stelle weisen. Vergiss aber bitte nicht, dich zu erden.

Richte deinen inneren Fokus auf den Heilstein, der auf deinem Nabel liegt. Atme tief ein und bald wirst du die Strahlungen dieses wunderbaren Kristalls wahrnehmen. Er führt dir die Energien der Sonne und der Erde zu, Heilkräfte, die er vor Tausenden von Jahren gespeichert hat. Der Kristalldeva schenkt dir diese Energien jetzt, damit du heilen kannst. Sowie du dir dieser Wahrheit bewusst wirst, überkommt dich ein tiefes Gefühl der Dankbarkeit diesem Stein, aber auch dem ganzen Kristallreich und deiner Mutter Erde gegenüber, die dir das alles bescheren.

Lade nun Erzengel Jophiel telepathisch ein, dich bei dieser Schutzmeditation zu unterstützen. Kaum hast du ihn gerufen, kannst du seine herrlich beschwingten himmlischen Energien schon um dich herum ahnen. Seine strahlende Energie vermischt sich mit der des Tigerauges, das mehr und mehr glänzt und schimmert.

Jetzt zaubert Erzengel Jophiel sieben oval geschliffene Tigeraugen aus seiner Robe und legt auf jedes deiner Chakren eines. Er erklärt dir, dass dich diese sieben Heilkristalle energetisch schützen und dich erden werden. Du hast das Gefühl, dass sich deine Chakren ausgleichen und anfangen, harmonisch zu arbeiten. Deine Energien fließen ungehindert von deinem Kronenchakra bis hinab zum Wurzelchakra und dann weiter direkt in Mutter Erde hinein. Mit jedem Atemzug fühlst du dich besser geerdet und deine Lebenskraft nimmt zu. Bedanke dich für diesen Liebesdienst bei Erzengel Jophiel und dem Kristalldeva.

Kristallheilung mit den Erzengeln Raphael und Chamuel

In diesem Kapitel arbeiten wir vor allem mit Erzengel Raphael, der den göttlichen Strahl der Heilung vertritt und die gesamte Wissenschaft auf unserem Planeten mit himmlischer Inspiration versieht.

Erzengel Raphael hütet und bewacht den grünen Farbstrahl, der dem Herzchakra zugeordnet wird. Falls dieses Chakra blockiert ist, fühlen wir uns oft ungeliebt, sind verunsichert und neigen zu Eifersucht. Wir werden von Schuldgefühlen geplagt und unser inneres Kind ist unglücklich, sehnt sich nach Heilung. Da im grünen Strahl männliche und weibliche Energien ausgeglichen sind, schenken uns Heilkristalle dieser Farbschwingung emotionale Heilung, Ruhe und inneren Frieden.

Eine der folgenden Kristallmeditationen wird von Erzengel Chamuel geführt, der mit dem göttlichen Strahl der Einheit arbeitet und uns hilft, Toleranz, Nachsicht und Geduld zu üben. Er inspiriert uns auch, unsere individuelle Kreativität mit Liebe und Milde gegenüber dem eigenen Selbst auszubilden.

Erzengel Chamuel ist der Engel der Eigenliebe. Er hütet und bewacht den rosa Strahl der bedingungslosen Liebe zum eignen Selbst. Verbunden mit dem Reich der Kristalle hüllt er uns in reine Energien der Liebe und des Lichts und lehrt jeden von uns, sich selbst bedingungslos zu akzeptieren, wie er/sie gerade ist. Unterstützt von Kristallkraft öffnet Erzengel Chamuel unser Herz, sodass wir uns ganz bewusst erlauben können, von Gott und den Engeln, aber auch von unseren Mitschwestern und -brüdern Liebe und Aufmerksamkeit zu empfangen.

Für die Kristallmeditationen mit Erzengel Raphael schlage ich drei verschiedene Heilkristalle vor. Hast du einen davon besonders lieb, darfst du ihn auch gern für alle diese Meditationen benutzen. Bei der Kristallmeditation mit Erzengel Chamuel verwenden wir den Rosenquarz. Für die Selbstheilung ist er unverzichtbar. Du solltest ihn also unbedingt in deine Sammlung aufnehmen.

Einstimmungsmeditation: Peridot
Reinigungsmeditation: Moosachat
Hauptmeditation: Rosenquarz
Abschluss und Schutzmeditation: Malachit

Einstimmungsmeditation mit Peridot und Erzengel Raphael

Geschichte, Mythologie, Überlieferung

Peridot war schon im 2. Jahrtausend vor Christus in Ägypten als Schmuck- und Heilstein bekannt. Im Mittelalter wurde er zur Abwehr böser Geister, aber auch als Stein der Weisheit und der Freundschaft eingesetzt.
Sternzeichen: Jungfrau

Heilende Wirkung auf den Körper

Peridot ist ein exzellentes Hilfsmittel zur Reinigung, Entschlackung und Entgiftung des Körpers. Vor allem belebt er Leber, Galle und Dünndarm. Seine Heilstrahlen stärken Herz und Lunge, aber auch die Augen. Bekannt ist ferner die entzündungshemmende Wirkung des Peridots.

Heilende Wirkung auf den Geist

Peridot öffnet, reinigt und regeneriert das Herzchakra und ermöglicht es uns, Ängste loszulassen, die sich im Solarplexus festgesetzt haben. Dieser Heilstein »bearbeitet« alle feinstofflichen Schichten der Chakren und hilft sie zu säubern. Er unterstützt uns bei der Befreiung von alten Emotionen wie Schuldgefühlen und anderen Belastungen unseres Gefühlslebens. Der Peridot ist wie ein Wegweiser, der uns hilft, unsere spirituelle Leiter schneller emporzuklimmen. Er beschwichtigt den Geist und hilft zu erhabenerem Denken. Auf diese Weise unterstützt er die Verbindung mit deinem heiligen Selbst und schenkt dir Selbst- und Gottvertrauen. Peridot unterstützt uns in Beziehungen, zuerst in der zu uns selbst (indem wir uns so zu akzeptieren lernen, wie wir sind), aber dann auch zu Partnern, Angehörigen, Freunden und Kollegen.

Praktische Anwendung
Auflegung auf das Herzchakra.

Vorbereitung auf die Kristallmeditation
Bitte lege dich bequem hin und streck dich flach auf deiner Unterlage aus. Nun leg den Heilstein auf dein Herzchakra beziehungsweise in die Herzregion. Achte darauf, dass du gut geerdet bist.

Stimme dich auf den herrlichen Peridot ein, der auf deinem Herzchakra ruht. Atme die wohltuende Kraft dieses Heilkristalls sanft ein und atme auch ganz sanft wieder aus. Fahr so fort, bis du die Verbindung mit dem Stein deutlich wahrnimmst.

Lade dann Erzengel Raphael herzlich ein, dir bei der Kristallmeditation beizustehen. Ruf ihn, und sofort wird er dich mit seiner himmlischen Gegenwart beglücken. Sein göttlicher Strahl verbindet sich mit dem grünen Strahl des Peridots, dessen Heilkraft sich dadurch intensiviert, sodass er noch fantastischer strahlt als zuvor. Dein Energiefeld wird von Wellen grünen Lichts durchflutet, und mit jedem Atemzug erreichen mehr dieser heilenden Kristallstrahlen deinen Körper, deinen Geist und deine Emotionen. Atme so tief aus, wie du nur kannst, denn je mehr du dich entleerst, desto besser können das heilkräftige Leuchten des Peridots und die himmlische Energie Erzengel Raphaels dich durchdringen.

Beobachte dann mit deinem Dritten Auge, wie Erzengel Raphael ein reich verziertes Kästchen öffnet, in dem sich neun zu sechskantigen Sternen geschliffene Peridot-Kristalle befinden. Er stellt das Schmuckkästchen auf den Boden, nimmt einen Kristall nach dem anderen heraus und legt sie im Kreis um dich herum aus.

Sobald sich der Heilkreis schließt, fühlst du dich wie ein kleines Kind, das sich in den Armen seiner Mutter wiegt. Lichtwogen durchströmen dein Herz mit der Liebe Erzengel Raphaels und der Energie des Kristalldevas. Du fühlst dich geborgen, beschützt und mit allen guten Kräften des Universums verbunden. Welch ein himmlisches Erlebnis!

Verbleibe so lange in diesem Heilkreis, wie du möchtest. Wenn du das Gefühl bekommst, genügend Heilung empfangen zu haben, bitte Erzengel Raphael, die Steine wieder einzusammeln. Bedank dich zum Abschluss bei ihm und dem Kristalldeva für das Licht und die Liebe, die sie dir auf dieser Heilkristallreise haben zuteil werden lassen.

Reinigungsmeditation mit Moosachat und Erzengel Raphael

Geschichte, Mythologie, Überlieferung

Es wird vermutet, dass dieser Kristall nach seinem ersten Fundort benannt wurde, dem Fluss Achates auf Sizilien. Achat ist seit vielen Jahrhunderten als Schutzstein gegen Blitzschlag, Schlangenbisse und -gifte bekannt. Angeblich hilft er auch gegen den bösen Blick.

Sternzeichen: Zwilling

Heilende Wirkung auf den Körper

Moosachat wirkt entzündungshemmend und entschlackend; er unterstützt das Immunsystem und den Lymphfluss. Seine Heilkraft wird bei Verkühlungen und Infektionskrankheiten eingesetzt. Zudem hat der Moosachat die Eigenschaft, Fieber zu senken und die Körpertemperatur zu regulieren. Auch als Geburtsstein ist er bekannt, da er die Schmerzen während der Entbindung lindert.

Heilende Wirkung auf den Geist

Moosachat stärkt die Verbindung des Menschen mit den Elementarwesen der Natur und intensiviert unsere Liebe zu Mutter Erde. Er erlöst uns von alten emotionalen und mentalen Mustern, in denen wir uns verfangen haben, und versorgt uns verlässlich mit neuer Energie. Er stärkt den Glauben an die eigene Person und schenkt uns das Selbstvertrauen, unseren Weg zu gehen, vor allem nach depressiven oder stagnativen Lebensphasen. Zudem vermittelt uns Moosachat auf allen Ebenen ein Gefühl der Fülle.

Praktische Anwendung

Auflegung auf die Region des Herzchakras.

Vorbereitung auf die Kristallmeditation

Mach es dir im Liegen gemütlich und streck dich gerade auf deiner Unterlage aus. Leg den Heilkristall in der Region des Herzchakras auf. Erdung nicht vergessen!

Stell dich bewusst auf die Energie des Moosachats ein, der auf deinem Herzen ruht. Schon beim Einatmen spürst du, wie seine Heilkraft in dein Energiefeld eindringt. Da sich viele Kräfte der Natur – nämlich die der Mutter Erde, des Feuers und der Wasserelementarwesen – in den Strahlen des Moosachats vereinigen, ist seine Wirkkraft sehr groß. Öffne dich für diese Energien, atme tief ein und lass die reinigenden Strahlen des

Kristalls immer tiefer in deine Chakren, deinen feinstofflichen und deinen physischen Körper eindringen.

Dir ist bewusst, dass die himmlischen Energien Erzengel Raphaels ganz bei dir sind. Sein leuchtend grünes Licht verschmilzt jetzt mit den Energien des Moosachats.

Erzengel Raphael nimmt dich bei der Hand und wandert mit dir durch einen tropischen Regenwald. In der Ferne hörst du das Rauschen eines Wasserfalls. Dieser entspringt, wie Erzengel Raphael dir erklärt, einem Fels aus Moosachat. Ganz schnell seid ihr bei diesem wundersamen Wasserfall angelangt und du zögerst keine Sekunde, dich darunterzustellen. Atme tief ein und spüre, wie das heilende Wasser, das mit der Energie des Moosachats aufgeladen ist, in dein Kronenchakra eindringt. Von dort fließt es weiter durch dein Drittes Auge, durch das Kehlkopfchakra, weiter durch dein Herz, das Solarplexus-, Sakral- und Wurzelzentrum. Durch deine Fußchakren fließt es schließlich etwas trübe gefärbt ab.

Bleib so lange unter dem reinigenden Wasserfall stehen, wie du möchtest, mindestens aber so lange, bis die Flüssigkeit, die deine Fußchakren verlässt, rein und klar ist.

Wenn du so weit bist, geleitet dich Erzengel Raphael wieder ins Hier und Jetzt zurück. Danke ihm und dem wunderbaren Kristalldeva für diese intensive Reinigung und Heilung.

Hauptmeditation mit Rosenquarz und Erzengel Chamuel

Geschichte, Mythologie, Überlieferung

Sowohl in der griechischen als auch in der römischen Mythologie ist Rosenquarz als Stein des Herzens und der Liebe bekannt, als Geschenk des Himmels an die Erde. In mittelalterlichen Ritualen der weißen Magie wurde er für Liebeszauber eingesetzt und galt als Fruchtbarkeitsstein. Er eignet sich zur

Abwehr von Erdstrahlen und wird auch zur feinstofflichen Klärung von Trinkwasser empfohlen.
Sternzeichen: Stier

Heilende Wirkung auf den Körper

Rosenquarz ist ein sehr kraftvoller und daher sehr beliebter Heilkristall, dessen Strahlungen besonders auf das Herz und den Herzrhythmus wirken. Er hilft bei Lungenkrankheiten und Blockaden der Bronchien, belebt die Funktionen der Fortpflanzungsorgane und erhöht bei Frauen die Fruchtbarkeit. Auch auf die Haut wirkt sich Rosenquarz positiv aus.

Heilende Wirkung auf den Geist

Rosenquarz gilt als einer der bedeutendsten Heilkristalle für die Öffnung und Heilung des Herzchakras. Seine sanfte, aber doch kräftige Energie reinigt uns von alten, negativen Emotionen und weckt die Kraft der bedingungslosen Liebe. Rosenquarz erzeugt Mitgefühl und Verständnis für unserer Mitschwestern und Mitbrüder und hilft uns, ihnen zu verzeihen. Er verbindet uns mit unseren tieferen Gefühlen und Bedürfnissen, hilft sie ans Licht zu bringen und ihnen mit Liebe und Selbstrespekt nachzugehen. Allgemein gesagt ist Rosenquarz der perfekte Heilstein, um die Liebe ins Leben zu bringen, die Liebe zu sich selbst und zu anderen.

Praktische Anwendung

Auflegung auf das Herzchakra oder Organe in dieser Körperregion.

Vorbereitung auf die Kristallmeditation

Strecke dich gerade auf deiner Matte aus und leg den Rosenquarz unter das Brustbein oder auf eine schmerzende Stelle. Bitte erde dich, indem du goldene Wurzeln in den Erdboden wachsen lässt.

Richte deine ganze Aufmerksamkeit auf den makellosen Rosenquarz, der auf deinem Herzen ruht. Der Heilkristall fühlt sich wunderbar weich und wohltuend an. Du spürst, wie du dich mit jedem Atemzug mehr und mehr entspannst.

Plötzlich wird dir bewusst, dass du von einer rosaroten Energiewolke umgeben bist. Intuitiv weißt du, dass dies die Energie Erzengel Chamuels ist, des Engels der Selbstliebe. Und tatsächlich: Dieser herrliche Erzengel verbindet seine sanft leuchtende himmlische Energie jetzt mit dir und der des Heilkristalls. Atme tief ein und lass dich von beider rosa Licht durchfluten. Beim Ausatmen lässt du alles in deinem Herzen los, was nicht Liebe ist. Atme Licht und Liebe ein und dann setzt du alles frei, was in diesem göttlichen Augenblick nicht dazu angetan ist, dich enger mit deinem höheren Selbst zu verbinden.

Nun bemerkst du, dass Erzengel Chamuel den Rosenquarz auf deinem Herzen in seine himmlischen Hände nimmt. Mit seinem göttlichen Atem bläst er dreimal darüber hinweg und verstärkt damit die Energien des Steins zum Zwecke deiner Heilung. Dann legt er den Heilkristall ganz sanft auf dein Herz zurück. Dabei schaut er dir tief in die Augen, die Fenster zu deiner Seele, und du spürst, wie du von den heiligen Energien Erzengel Chamuels vollkommen durchdrungen wirst. Die Kraft des Heilkristalls pulsiert durch dein Herz, und je mehr du dir gestattest, diese Energien aufzunehmen, desto kraftvoller werden sie.

Mit jedem Atemzug schwillt die bedingungslose Liebe zu dir selbst und anderen in deinem Herzen mehr an. Wellen des himmlischen Lichts Erzengel Chamuels durchfluten dich und ermöglichen es deinem Herzen, sich diesem Lichtprozess immer intensiver hinzugeben und alles Licht und alle Liebe, die es bekommt, dankbar anzunehmen. All diese wunderbaren Kräfte leitet es sodann an deinen gesamten Körper weiter. Dank Erzengel Chamuel und der wunderbaren Heilenergie des

Rosenquarzes bist du nun buchstäblich »von Kopf bis Fuß auf Liebe eingestellt«.

Zum Schluss bedankst du dich von Herzen für diese herrliche Lichtkristallheilung.

Abschluss und Schutzmeditation mit Malachit und Erzengel Raphael

Geschichte, Mythologie, Überlieferung

Da Malachit bei vielen Völkern als Glücksbringer galt, wurde er gern zu Halsketten oder Anhängern verarbeitet. Die Ägypter pulverisierten ihn und verwendeten den gemahlenen Stein als eine Art Lidschatten. Aber Vorsicht: Der Staub ist giftig. (Daher zu Heilungszwecken nie als Rohstein verwenden!) Und noch etwas: Reinige ihn nicht mit Salz, es könnte den Malachit beschädigen.

Sternzeichen: Schütze

Heilende Wirkung auf den Körper

Malachit ist ein bedeutender, vielseitig einsetzbarer Heilstein. Energetisch gesehen verbindet er das Sakralchakra mit dem Herzchakra und bringt auf diese Weise Liebe in den Akt der Fortpflanzung. Er lindert Menstruationsbeschwerden und fördert den Geburtsprozess. Malachit entgiftet den Körper und kann bei der Heilung von Erkrankungen der Sexualorgane behilflich sein. Da er die Nerven beruhigt, kann der Stein auch bei psychischen und mentalen Problemen eingesetzt werden. Schließlich absorbiert Malachit auch Schmutzpartikel aus der Atmosphäre und bietet Schutz gegen schädliche Strahlen.

Heilende Wirkung auf den Geist

Malachit symbolisiert die Liebe zu Mutter Erde und die Verbundenheit mit ihr. Er bringt uns in Einklang mit dem Reich der Kristalle und fördert die Kommunikation mit dessen Devas. Malachit wirkt beruhigend und hilft bei der Auflösung emotionaler oder mentaler Blockaden. Dieser Heilkristall gibt uns den Mut und die Kraft, tiefer liegende Emotionen zu erforschen und sie bewusst wahrzunehmen. Er ist einer der bedeutungsvollsten Heilkristalle, wenn es um die energetische Vorbereitung des Herzchakras auf das Geben und Empfangen bedingungsloser Liebe geht, denn er verbindet uns mit unserem höheren Selbst und ermöglicht es uns, unsere spirituelle Wahrheit zu leben. Malachit gibt uns die Kraft und das Selbstvertrauen, die nötig sind, um unsere Träume verwirklichen zu können.

Praktische Anwendung

Auflegung auf das Herzchakra, umliegende Organe und den Bereich des Sakralchakras.

Vorbereitung auf die Kristallmeditation

Streck dich im Liegen aus und mache es dir für deine Heilmeditation bequem. Leg den Malachit auf dein Brustbein beziehungsweise eine schmerzende Stelle im Bereich des Herzens oder Unterbauchs. Vergiss nicht, dich zu erden. Und noch etwas: Falls die Energie des Steins zu stark ist, nimm ihn bitte sofort weg.

Richte deine Aufmerksamkeit behutsam auf den Heilkristall, der auf deinem Herzchakra liegt. Schon bald nimmst du die beruhigenden Energien des Malachits wahr. Atme sanft ein und aus und entspann dich dabei tiefer und tiefer.

Lad Erzengel Raphael ein und bitte ihn, deine Meditation mit zusätzlicher Heilung, Kraft und Schutz zu versehen. Sobald du den himmlischen Botschafter zu dir gerufen hast, befindet er sich schon an deiner Seite. Du spürst, wie sein leuchtend grünes Licht dich und den Heilkristall durchflutet. Atme tief ein, damit du diese Energien gut aufnehmen und integrieren kannst. Beim Ausatmen lässt du allen mentalen und emotionalen Stress los. Licht und Liebe einatmen ... Stress und Angst ausatmen ... Mit jedem Atemzug dringen mehr Mut, Kraft und Selbstvertrauen in deine feinstofflichen und in deinen physischen Körper ein.

Jetzt kommt Erzengel Raphael auf dich zu und präsentiert dir sieben herzförmige Malachitsiegel. Er erklärt dir, dass diese Steine deine Chakren behüten und gegen etwaige negative Einflüsse beschützen. Du nimmst sie dankend an und bittest Erzengel Raphael, er möge sie für dich auf deine Chakren legen. Diesen Wunsch erfüllt er dir gern. Kaum ist der letzte Kristall platziert, intensiviert sich schon der Energiefluss zwischen deinen einzelnen Chakren und du spürst, wie sich die Heilkräfte der Malachits in deinem Körper ausbreiten.

Lass dir für diesen kraftvollen Lichtprozess genügend Zeit. Wenn du möchtest, kannst du die sieben Kristallsiegel auf den Chakren belassen, damit sie dich auch weiterhin beschützen. Keine Angst, der Fluss positiver Energien wird dadurch keineswegs beeinträchtigt.

Bedanke dich zum Schluss von Herzen bei Erzengel Raphael und dem Kristalldeva des Malachits für den Liebesdienst, den sie dir erwiesen haben.

Kristallheilung mit Erzengel Michael

Auf den Kristallreisen dieses Kapitels ist Erzengel Michael mit seinem himmlischen Licht unser Begleiter. Er arbeitet mit dem göttlichen Strahl des Willens, der Verwirklichung des heiligen Plans, der Intention, der himmlischen Macht und himmlischen Schutzes. Michael, der mächtige, prachtvolle Erzengel der Wahrheit und des Lichts, lehrt uns, dass Licht, Liebe und Wahrheit immer Hand in Hand gehen. Er beschützt und leitet uns auf der Suche nach unserer eigenen Wahrheit. Er hilft uns bei der Erfüllung unserer Wünsche und Sehnsüchte und unterstützt uns auch dabei, die Geschenke Gottes mit Liebe und in Dankbarkeit anzunehmen.

Erzengel Michael wird der blaue Farbstrahl zugeordnet, daher ist er auch der Hüter aller Kristalle von blauer Tönung.

Da der blaue Farbstrahl mit dem Kehlkopfchakra in Verbindung steht, kann uns Erzengel Michael zusammen mit dem Reich der Kristalle bei dessen Heilung beistehen.

Ist das Kehlkopfchakra blockiert – leiden wir auf der körperlichen Ebene etwa unter Halsschmerzen oder Heiserkeit –, so deutet das darauf hin, dass es uns schwerfällt, unserer Wahrheit Ausdruck zu verleihen. Wir verschweigen unsere Wünsche oder Sorgen und verleugnen unsere emotionalen, mentalen und physischen Bedürfnisse. Oft neigen wir dann auch dazu, uns selbst zu kritisieren und zu verurteilen.

In Verbindung mit der himmlischen Kraft Erzengel Michaels vermitteln uns die Heilstrahlen blauer Kristalle daher Energien des Friedens, der Harmonie und reinen Wahrheit. Ihre Kraft hilft uns, in Liebe mit uns selbst und anderen zu kommunizieren.

Erzengel Michael wird dich durch die folgenden Kristallheilungen geleiten, für die ich wiederum vier verschiedene Steine vorschlage. Wenn du magst, kannst du aber auch gern für alle diese Meditationen einen Kristall verwenden.

Einstimmungsmeditation: Chrysokoll
Reinigungsmeditation: blauer Chalcedon
Hauptmeditation: Aquamarin
Abschluss und Schutzmeditation: Türkis

Einstimmungsmeditation mit Chrysokoll

Geschichte, Mythologie, Überlieferung

Der Name Chrysokoll leitet sich aus dem griechischen *chrysos* (»Gold«) und *kolla* (»Leim«) ab. Der Stein wird gern zum Zwecke der Meditation und für schamanische Heilreisen verwendet.
Sternzeichen: Zwilling

Heilende Wirkung auf den Körper

Chrysokoll wirkt wohltuend auf den Kehlkopfbereich und hilft bei Halsentzündungen. Er wirkt entschlackend, ist aber auch bei Problemen mit den Knochen und bei Muskelkrämpfen nützlich. Da dieser Heilstein dem Blut Sauerstoff zuführt, können seine Strahlungen die Lungenkapazität erhöhen, was sich im gesamten Energiehaushalt positiv bemerkbar macht. Für Frauen ist Chrysokoll besonders gut geeignet, da er Menstruationskrämpfe lindert und hormonelle Schwankungen während der Periode ausgleicht.

Heilende Wirkung auf den Geist

Chrysokoll wirkt gut gegen Stress, weil er beruhigt und hilft, Gemütschwankungen auszugleichen. Er verbessert die Kommunikation im Alltag, in der Meditation verwendet aber auch die mit den höheren Sphären. Er stimmt uns auf Licht und

Liebe ein, das heißt, er fördert die Verbindung mit dem heiligen Selbst, mit Gott, den Erzengeln und allen Wesen, die uns bedingungslos lieben, indem er die rückhaltlose Liebe zum eigenen Selbst fördert.

Praktische Anwendung

Auflegung auf das Kehlkopfchakra (unter Umständen auch auf Herz- und Sakralchakra).

Vorbereitung auf die Kristallmeditation

Streck dich im Liegen bequem aus und leg den Chrysokoll auf deinen Kehlkopf oder eine andere Stelle in diesem Bereich, die Heilung benötigt. Versichere dich, dass du gut geerdet bist. Allgemein gilt: Je höher die Chakren, mit denen wir arbeiten, desto mehr muss auf die Erdung geachtet werden, damit der Energiefluss nicht aus dem Gleichgewicht kommt.

Schenk dem Heilkristall, der auf deinem Hals liegt, deine ganze Aufmerksamkeit. Nach ein paar Minuten schon spürst du die kühlenden Strahlungen des Chrysokolls. Atme tief ein und aus und lass dabei jeglichen Stress und alle körperlichen Anspannungen los.

Dann bittest du Erzengel Michael, dir bei dieser Heilkristallmeditation behilflich zu sein. Unmittelbar darauf nimmst du seine kraftvolle blaue Strahlung wahr. In all seiner Herrlichkeit tritt der Erzengel an deine Seite, und dafür bist du ihm zutiefst dankbar. Er umfängt dich mit seiner leuchtend blauen Energie, mit der des Heilkristalls, der sich in Sekundenschnelle mit der Kraft des Erzengels auflädt.

Der Chrysokoll leuchtet und glänzt jetzt ganz intensiv und strahlt seine Heilkraft in dein Kehlkopfchakra ab. Atme tief ein und nimm wahr, wie diese Energie durch deine Chakren fließt. Beim Ausatmen lässt du alle kritischen Gedanken und Vorstellungen los, die du über dich oder andere hast. Atme die Energien des Heilkristalls zusammen mit der Kraft Erzengel

Michaels ein und alles, was nicht Liebe ist und dir in diesem heiligen Augenblick nicht mehr dienlich ist, aus. Sanft einatmen ... tief ausatmen ...

Bald schon hast du das Gefühl, friedlicher, ausgeglichener und voller innerer Stärke zu sein. Führe diesen Lichtprozess so lange weiter, bis du von diesen wunderbaren Energien aufgenommen hast.

Bedank dich zum Abschluss bei Erzengel Michael und dem Kristalldeva des Heilsteins.

Reinigungsmeditation mit blauem Chalcedon

Geschichte, Mythologie, Überlieferung

Schon in der Antike galt Chalcedon als Repräsentant der Elemente Luft und Wasser, weshalb er als Wetterstein und zur Heilung witterungsbedingter Krankheiten bekannt war. Man trug ihn auch zum Schutz vor Melancholie. Zudem hieß es, Chalcedon fördere die Redekunst.

Sternzeichen: Schütze

Heilende Wirkung auf den Körper

Chalcedon hilft bei Heiserkeit und Erkältungskrankheiten, aber auch auf die Schilddrüse wirken sich seine Strahlen positiv aus. Der blaue Stein reguliert den Blutdruck, kann helfen, die Körpertemperatur auszugleichen, und hat einen beruhigenden Einfluss auf den ganzen Leib. Er unterstützt das Immunsystem und den Lymphfluss. Blauer Chalcedon wirkt regenerierend auf die Lunge und eignet sich auch gut, falls man vorhat, mit dem Rauchen aufzuhören.

Heilende Wirkung auf den Geist

Dieser Heilstein fördert die »Abkühlung« bei emotionalem und mentalem Stress und hilft, sich von Gefühlen wie Hass,

Wut und Zorn zu lösen. Chalcedon ist ein Kommunikationsstein, der unsere Selbstsicherheit stärkt und uns mit unserer höheren Weisheit, der des eigenen heiligen Selbst, verbindet. Er hilft uns beim Erlernen neuer Sprachen und unterstützt das Gedächtnis.

Praktische Anwendung
Auflegung auf das Kehlkopfchakra.

Vorbereitung auf die Kristallmeditation
Streck dich im Liegen bequem aus und leg den Heilstein auf die Kehlkopfregion. Bitte erde dich gut.

Stell dich auf die Schwingungen des Kristalls ein, indem du einige Male sanft ein- und ausatmest. Mit jedem Atemzug nimmst du die Energiefrequenz dieses wunderbar beruhigenden Heilsteins besser auf. Atme sanft ein ... und langsam und tief wieder aus. Dir ist bewusst, dass die himmlischen Energien Erzengel Michaels in diesem heiligen Moment mit dir verbunden sind. Du freust dich über seine Gegenwart.

Nun verschmilzt das kraftvolle blaue Licht des Erzengels mit dem Lichtgitter der Chalcedons. Gleich strahlt dieser Stein noch mehr Licht und heilenden Glanz auf dein Kehlkopfchakra aus. Erlaube Erzengel Michael und dem Deva des Heilkristalls, dir Licht und Liebe in Hülle und Fülle angedeihen zu lassen, und gib mit jedem Atemzug mehr von deinen alten destruktiven Denk- und Verhaltensmustern ab. Je mehr du dich dieser heiligen Heilung öffnest, desto schneller kann sie vorangehen und desto kraftvoller wird die Wirkung sein.

Vor deinem inneren Auge verwandelt Erzengel Michael nun den einfachen Heilkristall in einen sechskantig geschliffenen Stern, der so groß ist, dass er deinen ganzen Kehlkopfbereich bedeckt. Ganz sanft legt dir Erzengel Michael den Heilstern auf den Hals, und sofort wird dein ganzes Chakrensystem von einer Welle blauen Lichts durchflutet. Du spürst direkt, wie dein

Körper diese wunderbaren Energien aufsaugt. Zugleich verlässt immer mehr Negatives deinen feinstofflichen und deinen physischen Körper. Die Energie und die heilige Geometrie des Kristalls beschleunigen die Reinigung, Loslösung und Heilung deines Selbst.

Intuitiv wirst du wissen, wann dieser Lichtprozess abgeschlossen ist. Dann bedankst du dich bei Erzengel Michael und dem Deva des wunderbaren Chalcedons für die Heilung, die sie dir haben angedeihen lassen.

Hauptmeditation mit Aquamarin

Geschichte, Mythologie, Überlieferung

Aquamarin verdankt seinen Namen dem lateinischen *aqua* (»Wasser«) und *mare* (»Meer«), das Wort bedeutet also »Wasser des Meeres«. Der Sage nach handelt es sich um einen Liebesstein aus der Schatztruhe der Meerjungfrauen. Von Seeleuten wurde er auch als Talisman getragen. Der Überlieferung zufolge bringt Aquamarin Glück, Reichtum und Freude.

Sternzeichen: Skorpion

Heilende Wirkung auf den Körper

Aquamarin wirkt allgemein als Tonikum für den Körper und unterstützt das Immunsystem. Insbesondere findet er Anwendung bei Erkrankungen der Schilddrüse, bei Heiserkeit und geschwollenen Drüsen. Aquamarin ist auch gut für die Augen und bei Allergien.

Heilende Wirkung auf den Geist

Aquamarin besänftigt den Geist und hilft, unnütze Gedanken zu vertreiben. Er versorgt uns mit himmlischen Energien und verbessert auf allen Ebenen des Seins die Kommunikation. Er bringt tiefere Einsicht in unser Leben und hilft uns Unklarheiten aufzudecken und zu beseitigen. Der Heilkristall fördert Intuition und Hellsichtigkeit. In dieser Hinsicht ist er ein guter Stein zum Zwecke der Meditation.

Praktische Anwendung

Auflegung auf das Kehlkopfchakra.

Vorbereitung auf die Kristallmeditation

Nimm auf deiner Unterlage eine bequeme Position ein und leg den Heilkristall auf deinen Hals oder den Brustkorb, falls deine Lunge oder die Bronchien Heilung benötigen. Bitte versichere dich, dass du gut geerdet bist.

Stimme dich ganz allmählich auf den strahlenden Aquamarin ein, der auf deinem Kehlkopfchakra ruht. Seine besänftigenden Schwingungen breiten sich über deinen ganzen Körper aus, langsam beginnst du dich zu entspannen.

Mit jedem Atemzug nehmen dein leiblicher und dein feinstofflicher Körper mehr von diesen heilkräftigen Strahlen auf, die die destruktiven Gedanken, die in deinem Hirn herumschwirren, zum »Abkühlen« bringen. Je kühler die Gedanken werden, desto mehr Energie verlieren sie und flachen ab.

Jetzt lädst du Erzengel Michael ein, dich auf dieser Heilkristallreise zu begleiten. Er erhört deinen Wunsch und eilt an deine Seite.

Sein prächtiger blauer Energiestrahl der Wahrheit und der Liebe verschmilzt mit dem des Aquamarins, der daraufhin in noch größerer Pracht glänzt und schimmert.

Nun nimmt dich Erzengel Michael bei der Hand und wandert mit dir durch eine lichterfüllte Landschaft. Auf einem mit Edelsteinen bestreuten Pfad schreitet ihr dahin, bis ihr zu einer Quelle kommt, die zu deiner freudigen Überraschung aus einem Aquamarinfels hervorsprudelt. Dieser Ort der Heilung ist gänzlich von Licht und Liebe erfüllt. Dein Herz schlägt höher.

Aus einem Felsspalt nimmt Erzengel Michael einen ebenfalls aus Aquamarin bestehenden Becher und füllt ihn mit dem Heilwasser, das so heiter vor deinen Augen sprudelt. Er reicht dir den Becher, und du trinkst ihn aus. Sofort spürst du, wie die Kräfte des Aquamarinwassers auf dich übergehen.

Trink, soviel du möchtest, und bleib so lange an der Heilquelle, wie du magst. Wenn dein Durst gestillt ist, begleitet dich Erzengel Michael auf demselben Weg, den ihr gekommen seid, ins Hier und Jetzt deines Meditationsraums zurück. Bedank dich bei ihm und dem Deva des Aquamarins für ihren Beistand.

Abschluss und Schutzmeditation mit Türkis

Geschichte, Mythologie, Überlieferung

Türkis ist in verschiedenen Kulturen seit Jahrtausenden als Schutzstein bekannt. Reiter bewahrt er der Sage nach vor Stürzen. Auch der heilige Georg, der Schutzpatron der Ritter, wurde zumeist mit einem Türkis in seiner Rüstung dargestellt. Heute ist Türkis vor allem als Stein indianischer Schamanen bekannt.

Sternzeichen: Skorpion

Heilende Wirkung auf den Körper

Türkis ist ein kraftvoller Heilstein, der allen Organen des Körpers zugutekommt, besonders aber den Augen. Da er hilft, den Säurehaushalt zu regulieren, besänftigt er den Magen und ist bei Gicht und Rheuma von Nutzen. Bei Panikattacken wirkt er beruhigend und bei Erschöpfungszuständen gibt er neue Kraft. Darüber hinaus wehrt er eine Vielfalt negativer Strahlen ab und energetisiert die Aura.

Heilende Wirkung auf den Geist

In den schamanischen Traditionen verbindet der Türkis Himmel und Erde und vereinigt die weiblichen mit den männlichen Energien. Er heilt die Seele und bringt uns in Verbindung mit den höheren Sphären und den Wesen des Lichts. Türkis dient als Instrument der Selbsterfahrung und verhilft zu tiefen Einsichten und Inspirationen. Er schenkt uns Freude und beflügelt das Gemüt.

Praktische Anwendung

Auflegung in erster Linie auf das Kehlkopfchakra.

Vorbereitung auf die Kristallmeditation

Streck dich im Liegen bequem aus und leg den Türkis auf deinen Hals oder eine schmerzende Körperpartie. Im Zweifelsfalle wird dich Erzengel Michael zur richtigen Stelle leiten. Bitte erde dich gut für diese Meditation.

Stimme dich auf die kräftigen Heilstrahlen des Türkis ein, indem du sanft ein- und ausatmest. Mit jedem Atemzug lässt du deinen Alltagsstress mehr los und verbindest dich dabei enger mit den Energieschwingungen des Kristalls.

Dir ist bewusst, dass sich Erzengel Michael ganz in deiner Nähe befindet. Bitte ihn nun, deine Schutzmeditation mit seinen himmlischen Energien zu verstärken. Du und der Heilkristall werdet von einer Woge blauen Lichts erfasst. Atme tief ein und lass diese heilkräftigen Energien über deine Chakren in deinen physischen Körper eindringen. Atme so gründlich aus, wie du nur kannst. Alle inneren Zwiespalte und Denkmuster, mit denen du dich selbst bekämpfst, verlassen dabei dein Energiefeld. Mit dieser Intention atmest doch noch einige Male ein und aus, so lange, bis du schließlich spürst, dass sich der innere Sturm gelegt hat und Frieden einkehrt.

Jetzt nimmst du wahr, dass Erzengel Michael vor dir steht. In seinen himmlischen Händen hält er einen bodenlangen

Mantel mit einer Kapuze aus goldenem Samt. Auf dieser ist in der Höhe deines Kronenchakras ein wunderschöner fünfzackig geschliffener Türkis befestigt, sechs weitere befinden sich an der Mittelnaht, genau dort, wo deine Chakren sitzen. Erzengel Michael erklärt dir, dass es sich um einen Schutzmantel handelt, der dich vor negativen Einflüssen aller Art bewahren wird. Er bittet dich aufzustehen und legt dir den Mantel um. Sofort spürst du die beschützenden Energien in deiner Aura. Du fühlst dich sicher, gut geerdet und strotzt vor Vitalität.

Erzengel Michael schlägt dir vor, diesen Schutzmantel täglich anzulegen, morgens, abends und wann immer du ihn brauchst. So wirst du immer vor allen negativen Einflüssen beschützt sein. Bedanke dich von Herzen bei Erzengel Michael und dem Kristalldeva des Türkis für diesen großen Liebesdienst.

Kristallheilung mit Erzengel Raziel

Erzengel Raziel ist zwar keinem eigenen göttlichen Strahl zugeordnet, wirkt aber unterstützend im Bereich des ersten Strahls, der Erzengel Michael zugeordnet wird, dem Bereich des Willens, der Intention und der Verwirklichung des göttlichen Plans.

Erzengel Raziel arbeitet mit dem indigoblauen Farbstrahl, der mit dem Dritten Auge verbunden ist, dem Zentrum von Intuition und Einsicht. In diesem Chakra entwickeln sich auch spirituelle Fähigkeiten wie Hellsichtigkeit und Telepathie.

Ist das Dritte Auge blockiert, leidet man häufig unter Kopfschmerzen, Migräne oder Konzentrationsschwierigkeiten, fühlt sich mitunter aber auch verfolgt oder hat Albträume. Dieses Chakra wird oft von alten spirituellen Gelübden, Schwüren und Eiden blockiert.

Der indigoblaue Strahl repräsentiert weibliche Energien und verhilft uns zu Klarheit in den höheren Bereichen des Bewusstseins. Daher fördern Heilkristalle, die auf dieser Farbfrequenz liegen, die Entwicklung unserer Intuition, beschleunigen Lernprozesse und vermitteln uns Einsichten in die höheren Welten des Seins.

Zusammen mit dem Reich der Kristalle wird dich Erzengel Jophiel zu tief greifenderen spirituellen Einsichten inspirieren. Er wird dir helfen, dich von alten spirituellen Bindungen zu befreien, damit frische himmlische Energien und Ideen neu in dein Leben fließen können. Erzengel Raziel wird dich auf deiner Heilkristallreise begleiten und dir bei den folgenden vier Meditationen zur Seite stehen. Ich schlage dafür vier verschiedene Steine vor, du kannst aber gern auch für alle ein und denselben verwenden.

Einstimmungsmeditation: Sodalith
Reinigungsmeditation: blauer Calcit
Hauptmeditation: Saphir
Abschluss und Schutzmeditation: Lapislazuli

Einstimmungsmeditation mit Sodalith

Geschichte, Mythologie, Überlieferung

Dieser Stein ist erst seit cirka 200 Jahren bekannt. Aufgrund seines hohen Natriumgehalts verlieh ihm der englische Mineraloge Thomas Thomson den Namen Sodalith. (Im Englischen heißt Natrium *sodium*.) Vom Lapislazuli, dem er ähnelt, unterscheidet er sich durch seine weißen Kalziumeinschlüsse.
Sternzeichen: Skorpion

Heilende Wirkung auf den Körper

Sodalith stimuliert das Immunsystem und hilft den Lymphdrüsen, Giftstoffe aus dem Körper zu leiten. Er wirkt heilend auf den Hals- und Kehlbereich und regeneriert bei Heiserkeit die Stimmbänder. Der blaue Heilkristall übt einen kühlenden Einfluss auf den Körper aus, senkt Fieber und Blutdruck. Ebendieser Kühleffekt hilft auch bei Schlaflosigkeit.

Heilende Wirkung auf den Geist

Sodalith beruhigt den Geist und hilft uns in schwierigen Situationen, einen kühlen Kopf zu bewahren. Er gibt uns die Kraft, uns mehr zu akzeptieren und an unser Potenzial zu glauben. Er fördert das rationale Denken und unterstützt uns bei der Suche nach unserer persönlichen Wahrheit. Sodalith verknüpft unseren Geist mit unserem höheren Selbst und fördert die spirituelle Entwicklung und Öffnung des Dritten Auges.

Praktische Anwendung
Auflegung auf das Dritte Auge oder das Kehlkopfchakra.

Vorbereitung auf die Kristallmeditation
Nimm auf deiner Unterlage eine bequeme Position ein und leg den Sodalith auf dein Drittes Auge. **Achtung!** Verwende auf dem Dritten Auge bitte nur kleine Heilsteine, da die Energien sonst zu stark sind. Falls Kopfschmerzen auftreten, sollte die Behandlung sofort abgebrochen werden. Und noch etwas: Bei der Arbeit mit den höheren Chakren, insbesondere dem Dritten Auge und dem Kronenchakra, ist die Erdung besonders wichtig.

Konzentrier dich auf den Sodalith, der auf deiner Stirn liegt, und stelle dich durch deine Atmung auf seine kühlenden Energien ein. Ausgehend von deinem Dritten Auge durchfluten sie deine Sinnesorgane, Augen, Ohren, Nase und Mund, dann fließen sie weiter durch den Hals ins Kehlkopfchakra und von dort in die übrigen Chakren. Mit jedem Atemzug entspannst du dich mehr, dein Körper lässt alle Verspannungen los.

Nun ist es an der Zeit, Erzengel Raziel zu rufen und ihn zu dieser Einstimmungsmeditation einzuladen. Kaum hast du an ihn gedacht, nimmst du auch schon seine indigoblaue Energie wahr, die dich wie eine luftige Farbwolke einhüllt. Sein brillanter Farbstrahl verschmilzt nun mit dem Kristallgitter des Heilsteins, der sich einen Moment lang schwerer anfühlt. Vielleicht nimmst du auch ein Kribbeln wahr, das sich über die ganze Kopfhaut ausbreitet. Aufgrund der Aufmerksamkeit, die Erzengel Raziel dir zuwendet, lädt sich der Heilkristall mehr und mehr mit Energie auf. Sein heilender Strahl durchleuchtet nun dein ganzes Chakrensystem und hilft, alte Denk- und Verhaltensmuster zu neutralisieren.

Zusammen mit der himmlischen Kraft Erzengel Raziels flößt dir der Sodalith Licht, Liebe und Wahrheit ein und ermöglicht dir auf diese Weise, dich enger mit deinem heiligen höheren Selbst zu verbinden. Mit jedem Atemzug wird dein Geist ruhiger, du entspannst dich mehr und empfindest eine gewisse innere Klarheit.

Lass diesen Lichtprozess ein natürliches Ende finden. Es ist erreicht, wenn sich dein Drittes Auge energetisch optimal geöffnet hat und mit den übrigen Chakren in Einklang gekommen ist. Bedank dich im Anschluss bei Erzengel Raziel und dem Kristalldeva für die Heilarbeit, die sie an dir verrichtet haben.

Reinigungsmeditation mit blauem Calcit

Geschichte, Mythologie, Überlieferung

Der blaue Calcit kommt in den USA, in Brasilien, Island, Peru, Rumänien, der Slowakei und in England vor. Eine spezielle Mythologie rund um diesen Stein ist mir nicht bekannt.
Sternzeichen: Zwilling

Heilende Wirkung auf den Körper

Blauer Calcit regeneriert und beruhigt den ganzen Körper. Besonders heilend wirkt er auf Zähne und Knochen, vor allem aber hilft er gegen Schmerzen, unter anderem der Gelenke. Er senkt den Blutdruck und kurbelt die Funktion der Lymphdrüsen an.

Heilende Wirkung auf den Geist

Blauer Calcit schenkt Ruhe und Gelassenheit, begünstigt einen klaren Geist und verbindet gute Kommunikation mit tieferer Einsicht. Auch hilft er, in Streitgesprächen kühl, gelassen und positiv fokussiert zu bleiben. Er wirkt emotional ausgleichend und kann uns von etwaigen Ängsten und Sorgen befreien. Spirituell wird blauer Calcit als »Energiereiniger« betrachtet, da er uns mit unserem höheren Selbst verbindet. Er beschleunigt die Entwicklung des Dritten Auges, fördert die Hellsichtigkeit und hilft uns beim Channeln von Energien aus höheren Sphären.

Praktische Anwendung

Auflegung auf das Dritte Auge oder das Kehlkopfchakra.

Vorbereitung auf die Kristallmeditation

Streck dich bequem auf deiner Unterlage aus und leg den Heilkristall zwischen den Augenbrauen auf deine Stirn. Wie immer gilt: Auf dem Dritten Auge bitte nur einen kleinen Stein verwenden! Bitte erde dich, indem du goldene Wurzeln bis zum Erdmittelpunkt hinabwachsen lässt.

Stimm dich auf den Heilkristall auf deiner Stirn ein. Der blaue Calcit fühlt sich wunderbar kühl und besänftigend an. Du genießt seine heilenden Energie. Atme sanft ein und aus, um den Reinigungsprozess langsam anzukurbeln. Sanft einatmen ... langsam und tief ausatmen ...

Lade nun Erzengel Raziel zu dieser Reinigungsmeditation ein und bitte ihn, dich auf deiner Kristallreise zu begleiten. Im Handumdrehen ist er an deiner Seite und hüllt dich von Kopf bis Fuß in seine blitzende indigoblaue Energie. Zugleich verknüpfen sich seine himmlischen Energien mit denen des Heilkristalls auf deiner Stirn, der jetzt möglicherweise leicht zu vibrieren beginnt. Falls du ein leichtes Ziehen im Bereich der Augenbrauen verspürst, ist das ein Zeichen dafür, dass die Energien gut fließen.

Nun tritt Erzengel Raziel vor dich hin und entnimmt seinem Gewand einen Stab, der aus wunderschönem blauen Calcit geschliffen ist. Mit dessen Hilfe, erklärt er dir, wird er jetzt deine Chakren und deine Aura energetisch reinigen. Er ersucht dich, aufzustehen und dich in die Mitte deines Meditationsraums zu stellen.

Sobald du so weit bist, streicht Erzengel Raziel mit dem Kristallstab über deine Chakren und entfernt alle aufgestauten negativen Energien. Denselben Lichtprozess führt er dann auch mit deiner Aura durch, indem er alle sieben Schichten deines Energiefelds sorgfältig reinigt. Lass dir für diesen Lichtreinigungsprozess genügend Zeit. Erzengel Raziel wird es dich wissen lassen, wenn er abgeschlossen ist und du dich wieder hinlegen kannst. Dann bedankst du dich bei ihm und dem Deva des Heilkristalls für diese wunderbare energetische Reinigung.

Hauptmeditation mit Saphir

Geschichte, Mythologie, Überlieferung

Der Sage nach enthält Saphir ein Stückchen des Himmels. In vielen Teilen der Welt wurde er als Stein der Tugend, der Treue und der himmlischen Kräfte angesehen und verehrt. Bei den Germanen galt Saphir als Siegesstein. In seiner Sternform wurde er auch als Talisman getragen, als Symbol für Glaube, Liebe, Hoffnung.

Sternzeichen: Jungfrau

Heilende Wirkung auf den Körper

Der blaue Saphir ist ein Nerventonikum, beruhigt den Biorhythmus, wirkt sich positiv auf die Drüsen aus und hilft, den Blutdruck zu senken. Er lindert Schmerzen und ist wie Balsam für die Augen. Auch verfügt er über einen positiven Heilungseffekt auf die Schilddrüse.

Heilende Wirkung auf den Geist

Saphir entlastet den Geist und beruhigt ihn. Er hilft uns, destruktives Denken abzustellen und unseren Verstand gezielt positiv einzusetzen. Der blaue Stein inspiriert zu Weisheit, hilft, unsere Wahrheit zu entdecken und sie der Welt mit Liebe zu vermitteln. Er schenkt uns Reinheit und Liebe und leitet uns auf unserem Weg ins Licht. Dieser Kristall fördert unsere spirituellen Kräfte, sofern wir nur für sie bereit sind.

Er klärt negative feinstoffliche Energien und hilft, sie aus unseren Chakren und der Aura zu entfernen.

Praktische Anwendung

Auflegung auf das Dritte Auge.

Vorbereitung auf die Kristallmeditation

Strecke dich flach aus und leg den Saphir auf dein Drittes Auge. Erde dich gut. Auch hier gilt: Verwende für dieses Chakra einen kleinen Stein und hör sofort auf, wenn Kopfschmerzen oder Schwindelgefühle auftreten.

Richte deine Aufmerksamkeit auf den glänzenden Saphir, der auf deiner Stirn ruht. Seine himmelblaue Farbe strömt Ruhe und Zufriedenheit aus. Allmählich beginnst du, diese Energien wahrzunehmen. Mit jedem Atemzug öffnest du dich mehr für die Strahlung dieses grandiosen Heilkristalls. Du fühlst dich immer ruhiger und ausgeglichener.

Intuitiv weißt du, dass Erzengel Raziel in deiner Nähe ist und dir bei dieser Meditation zur Seite stehen wird. Seine indigoblaue Energie schwebt über dir wie der Sternenhimmel. Du atmest sie ein und lässt sie in dein Drittes Auge strömen. Von dort fließt sie weiter und dringt in den Saphir ein, der auf diesem Chakra liegt. Während sich die mächtigen Energien des Erzengels mit den prächtigen Strahlungen des Saphirs vereinen, atmest du tief durch die Nase ein und durch den Mund aus.

Mit jedem Atemzug wächst der Saphir, und zwar so, dass er dich bald in seine kristallene Hülle einschließt. Jetzt umgibt er dich wie ein strahlend blauer Himmel, in dem eine spirituelle Sonne lacht. Nun stehst du auf und tanzt fröhlich im Kristalluniversum deines Saphirs herum. Welch eine Wonne! Von allen Seiten umgeben dich die himmelblauen Facetten des Heilkristalls, der Licht und Liebe im Überfluss in deinen physischen und alle deine feinstofflichen Körper bringt. Wie ein

Magnet ziehst du die spirituellen Qualitäten des Saphirs an, der dir Reinheit, Tugend, Treue, Wahrheit und himmlische Kräfte schenkt.

Tritt erst dann aus dem Saphir heraus, wenn du das Gefühl bekommst, genügend himmlische Energie getankt zu haben. Lass den Heilkristall dann wieder zu seiner ursprünglichen Größe schrumpfen und bedank dich bei Erzengel Raziel sowie dem Kristalldeva.

Abschluss und Schutzmeditation mit Lapislazuli

Geschichte, Mythologie, Überlieferung

Der Name Lapislazuli ergibt sich aus dem lateinischen *lapis* (»Stein«) und *azula* (»blau«). Auf seinem Feldzug nach Ägypten trug Napoleon einen Lapislazuli bei sich, um seine Tapferkeit zu steigern. (Er besuchte die innere Kammer der Königinnenpyramide und verließ sie leichenblass und am ganzen Körper zitternd, gab aber nie preis, was ihm dort widerfuhr.) Auch die Sumerer verehrten diesen Stein, der sie an den Sternenhimmel ihrer Heimat erinnerte. Im alten Ägypten trugen die Richter bei ihren Amtshandlungen Lapislazuli mit der eingeschliffenen Hieroglyphe für das Wort »Wahrheit«.

Sternzeichen: Waage

Heilende Wirkung auf den Körper

Lapislazuli übt eine stark heilende Wirkung auf die Atemwege aus und hilft bei Halsentzündungen und Erkrankungen der Stimmbänder. Er reguliert die Schilddrüsenfunktionen und unterstützt dadurch auch das Immunsystem. Lapislazuli lindert Schmerzen, vor allem im Kopfbereich, und hilft gegen Schlaflosigkeit.

Heilende Wirkung auf den Geist

Lapislazuli bietet kraftvollen Schutz gegen negative feinstoffliche Energien. Er öffnet das Dritte Auge und lässt uns die spirituelle und persönliche Realität erkennen. Er konfrontiert uns mit der Wahrheit und verhilft uns zu Ehrlichkeit uns selbst und anderen gegenüber. Lapislazuli begleitet und leitet uns auf unserem spirituellen Pfad der Selbstfindung und Selbsterleuchtung und aktiviert unsere spirituellen Fähigkeiten und Kräfte.

Praktische Anwendung

Auflegung auf das Dritte Auge oder das Kehlkopfchakra.

Vorbereitung auf die Kristallmeditation

Erlaube dir eine bequeme Lage einzunehmen und leg den Heilkristall auf dein Drittes Auge. Vorsicht: keine zu großen Steine verwenden und abbrechen, wenn es zu Kopfschmerzen oder Schwindelgefühlen kommt.

Stell dich langsam auf die Schwingungen des Lapislazuli ein, der auf deiner Stirn liegt, und versichere dich, dass du mit goldenen Wurzeln fest im Zentrum der Erde verankert bist.

Atme dann die heilenden blaugoldenen Strahlen dieses Kristalls tief ein. Atme langsam und tief wieder aus. Entlass dabei alles, was nicht Liebe ist, aus deinem Energiefeld, speziell aus dem Dritten Auge. Nimm mit dieser Intention noch ein paar weitere Atemzüge.

Wenn du so weit bist, bittest du Erzengel Raziel, dich im weiteren Verlauf dieser Kristallschutzmeditation zu begleiten. Innerhalb des Bruchteils einer Sekunde nimmst du ihn in deiner Aura wahr und bist ihm dafür von Herzen dankbar.

Erzengel Raziel möchte dich zu einer Pilgerreise einladen. Schon nimmt er dich bei der Hand und leitet dich durch eine Wüste aus Billionen winziger schneeweißer Quarzsteinchen, die in der Sonne glitzern. In der Ferne siehst du eine Pyramide.

Beim Näherkommen erkennst du, dass sie aus Lapislazuli gemeißelt wurde. So etwas Wunderbares hast du noch nie erblickt, deine Seele jubelt vor Vergnügen.

Die Pyramide ist von einer magischen Aura umgeben, die du sofort spürst, wenn du in sie eindringst. Über zwölf Stufen gelangst du auf eine Plattform mit einer Öffnung, die in die Pyramide selbst führt. Zusammen mit Erzengel Raziel trittst du ein. Es ist ein Tempel der Heilung voller Kristalldevas, Engel und Lichtwesen. Hier bekommst du nun all die Heilung und den Schutz, die du benötigst.

Bleib so lange in der Lapislazulipyramide, wie du magst. Dann führt dich Erzengel Raziel auf dem Weg, den ihr gekommen seid, wieder ins Hier und Jetzt deines Meditationsraums zurück.

Danke ihm, dem Kristalldeva des Lapislazuli und allen Lichtwesen der Pyramide für ihre wunderbar heilenden Liebesdienste an deinem Körper, deinem Geist, deiner Seele und deinen Emotionen.

Kristallheilung mit den Erzengeln Zadkiel und Metatron

Auf dem letzten Teil unserer Kristallheilreise werden uns die Erzengel Zadkiel und Metatron begleiten. Erzengel Zadkiel ist mit dem göttlichen Strahl der Reinigung, Transformation und der zeremoniellen Ordnung verbunden. Er bewacht und behütet den violetten Farbstrahl, der dem Kronenchakra zugeordnet ist.

Treten in diesem Chakra Blockaden auf, sind wir nicht ganz wir selbst, sind unzufrieden, desorientiert und manchmal auch verwirrt. Die Kommunikation mit unserem höheren Selbst geht nur stockend voran, da wir nicht in der Lage sind, den nötigen Glauben an und das Vertrauen in Gott und das Reich des Lichts aufzubringen. Zusammen mit den Kristallen, die den violetten Farbstrahl vertreten, wird uns Erzengel Zadkiel Inspiration und Weisheit schenken. Er wird uns helfen, unsere Zweifel, aber auch den fehlenden Glauben und Vertrauen in Gott zu überwinden und wird unsere Kommunikation mit unserem heiligen Selbst, mit Gott, den Engeln und dem Reich des Lichts stärken.

Erzengel Metatron wird uns behilflich sein, uns intensiver mit unserem achten Chakra, dem Seelenstern, zu verbinden. Er hütet und beschützt den weißen Strahl, der alle Farben in sich integriert. Dieser mächtige Engel verbindet uns mit der »Ich bin, der ich bin«-Realität, der Realität der perfekten Göttlichkeit.

Bei unseren spirituellen Übungen hilft er uns, den Seelenstern zu polieren und zum Glänzen zu bringen, und beschützt, leitet und begleitet uns auf dem Pfad des Lichts. Erzengel Metatron behütet und bewacht die Energien und Kräfte der weißen (klaren) Kristalle, die eine starke Heilkraft aufweisen. Seine himmlische Energie und die der Heilkristalle werden dich durch die Hauptmeditation begleiten. Erzengel Zadkiel wird dich durch die restlichen drei Kristallheilmeditationen führen. Für diese sind drei verschiedene Heilkristalle angegeben, du kannst aber auch einen Stein für alle drei Meditationen verwenden.

Einstimmungsmeditation: Sugilith
Reinigungsmeditation: Selenit
Hauptmeditation: Herkimer-Diamant
Abschluss und Schutzmeditation: Amethyst

Einstimmungsmeditation mit Sugilith und Erzengel Zadkiel

Geschichte, Mythologie, Überlieferung

Dieser Stein ist nach dem japanischen Petrologen Ken-Ichi-Sugi benannt, der 1944 den ersten fand. Sugilith wird auch als New Age-Stein des Wassermannzeitalters angesehen.
Sternzeichen: Stier

Heilende Wirkung auf den Körper

Sugilith wirkt schmerzstillend; in seiner hellen Variante unterstützt er darüber hinaus die Arbeit der Lymphdrüsen. Er lindert Kopfschmerzen und wirkt aufmunternd, wenn man sich in seiner Haut nicht recht wohlfühlt. Auch für die Behandlung von Nervenproblemen aller Art hat er sich bewährt.

Heilende Wirkung auf den Geist

Sugilith wird als Heilkristall des Neuen Goldenen Zeitalters angesehen, weil seine Schwingungen sehr hoch sind. Er hilft uns, unsere feinstofflichen Körper mit dem physischen zu verbinden, sie zu integrieren und nach dem heiligen Plan Gottes auszurichten. Dieser Heilkristall bringt Licht und

Liebe in unser Energiefeld und erleichtert uns den Weg zur Selbstfindung und Selbsterleuchtung. Er hilft uns, das Licht in unserem Herzen zu erkennen, uns alles zuzugestehen, was wir auf unserem spirituellen Pfad brauchen, und uns nicht länger zu verleugnen. Dieser Stein bringt Erleuchtung in die dunkle Nacht der Seele, da er uns immer wieder mit der Quelle der Liebe und des Lichts, mit Gott und seinem Reich der Engel und Lichtwesen verbindet.

Praktische Anwendung

Platzierung in der Nähe des Kronenchakras, aber auch Auflegung auf das Dritte Auge und das Herzchakra.

Vorbereitung auf die Kristallmeditation

Streck dich im Liegen bequem aus und platziere den Heilkristall mindestens fünf Zentimeter oberhalb deines Kronenchakras auf dem Boden. Falls die Energie zu stark ist, rücke ihn ein Stückchen weiter weg. Falls der Stein eine Spitze hat, richte sie bitte nach oben aus.
Wichtig! Verwende für das Kronenchakra immer nur kleine Heilkristalle, da sonst die Energien zu stark werden können. Bei allen Arbeiten mit dem Kronenchakra muss man äußerst gut geerdet sein, daher lass deine goldenen Wurzeln bis in den Erdmittelpunkt sprießen und verankere sie dort bitte in einem riesigen Granitblock. Falls Kopfschmerzen, Schwindelgefühle oder Übelkeit eintreten, die Kristallbehandlung bitte sofort abbrechen, noch einmal erden, ein Glas Wasser trinken und eine Kleinigkeit verzehren, zum Beispiel einen Esslöffel Honig, ein paar Nüsse oder eine Banane. Diese Regeln gelten für alle vier Meditationen dieses Kapitels.

Stimme dich ganz allmählich auf die dynamische Energie des Sugiliths ein, indem du mehrere Male sanft ein- und ausatmest. Die Energie dieses Heilkristalls ist lebendige Liebesenergie, von der mit jedem Atemzug mehr in dich einfließt. Atme sanft durch die Nase ein und durch den Mund aus ... ein und aus ... bis du die Verschmelzung mit der Energie des Heilkristalls empfindest.

Bitte nun Erzengel Zadkiel, diese Einstimmungsmeditation mit seinen himmlischen Kräften zu bereichern. Kaum hast du den Gedanken zu Ende gedacht, nimmst du auch schon die erhebenden Energien dieses herrlichen Erzengels in deiner Aura wahr. Du dankst ihm von Herzen für sein Kommen und er umgibt dich mit seinen leuchtend violetten himmlischen Strahlen, die im selben Moment auch das Kristallgitter des Sugiliths durchdringen und hell erstrahlen lassen.

Wie ein Radiator gibt der Heilkristall nun seine Energien an dein Kronenchakra ab. Die Kraft der bedingungslosen Liebe durchflutet deine feinstofflichen und deinen physischen Körper und erfüllt dich mit Vertrauen in Gott und dich selbst, mit Hoffnung und mit wunderbaren Erwartungen für deine gloriose Zukunft.

Staunend siehst du vor deinem inneren Auge, dass der Sugilith plötzlich Herzform annimmt und sich blitzschnell vermehrt. Mit jedem Atemzug entstehen weitere Herzkristalle. Dein Körper, dein Geist und dein Emotionalkörper ziehen diese Kristalle wie magnetisch an. Überall dort, wo Heilung gebraucht wird, setzen sie sich fest. Dein ganzer Körper, feinstofflich wie leiblich, ist ein einziges Meer leuchtender herzförmiger Kristalle. Dieses wunderbare Heilerlebnis stimmt dich froh und heiter.

Du lässt Erzengel Zadkiel und den Kristalldeva diesen Lichtprozess so lange fortsetzen, wie es für deine Gesundung erforderlich ist. Am Ende dieser überirdischen Heilung sagst du von Herzen Dank.

Reinigungsmeditation mit Selenit und Erzengel Zadkiel

Geschichte, Mythologie, Überlieferung

Selenit wird nach den Engelflügeln gleichenden Formen im Stein im Volksmund auch gern Engelstein genannt. **Bitte beachten:** Dieser Heilkristall ist sehr weich und kann leicht mit den Fingernägeln zerkratzt werden. Auch sollte man ihn vor Feuchtigkeit schützen.
Sternzeichen: Zwilling

Heilende Wirkung auf den Körper

Die Heilwirkung des Selenits zeigt sich vor allem auf den feinstofflichen Ebenen. Doch auch physisch hat dieser wunderbare Heilstein einiges zu bieten: Er schützt zum Beispiel vor epileptischen Anfällen und wirkt schmerzlindernd. Da seine sanften, engelhaften Energien junge Mütter beim Stillen unterstützt, ist er ein guter Mutterstein. (Deshalb bezeichnet man ihn mitunter auch als Marienstein.)

Heilende Wirkung auf den Geist

Selenit reinigt die feinstofflichen Körper. Auf allen Ebenen des Seins säubert er die Energien und ermöglicht uns auf diese Weise eine intensivere, klarere Verbindung mit unserem heiligen Selbst. Dieser Heilkristall öffnet sanft das Kronenchakra und verhilft uns zu einer dauerhaften Verbindung mit den Wesen des Lichts, vor allem mit dem Reich der Engel und Erzengel.

Praktische Anwendung

Platzierung in der Nähe des Kronenchakras, aber auch Auflegung auf das Kehlkopf- oder Sakralchakra.

Vorbereitung auf die Kristallmeditation

Streck dich bequem aus und leg den Heilkristall mindestens fünf Zentimeter von deinem Kronenchakra entfernt auf den Boden. Bitte beachte die Hinweise zu Beginn dieses Kapitels.

Stimme dich sanft auf diesen zauberhaften Heilkristall ein, indem du langsam durch die Nase Licht und Liebe einatmest und beim Ausatmen durch den Mund alles abgibst, was nicht Liebe ist. Wiederhole dies einige Male mit der bewussten Intention, dass du von jetzt an nur noch diejenigen mentalen und emotionalen Muster in deinen feinstofflichen Körpern belassen möchtest, die dich deinem Ziel der Selbstfindung, Selbstheilung und Selbsterleuchtung näher bringen.

Wenn du so weit bist, bittest du Erzengel Zadkiel, dir bei dieser Selbstreinigungsmeditation beizustehen. Schon nimmst du ihn in deiner Aura wahr. Mit seiner strahlend violetten Energie erfüllt und erleuchtet er nicht nur dein Energiefeld, sondern den ganzen Raum, in dem du dich befindest. Gleichzeitig lädt er den Selenit über deinem Kronenchakra mit seinen himmlischen Strahlen auf.

Mit deinem Dritten Auge beobachtest du, wie der Stein größer und größer wird und sich in eine mondähnliche Scheibe verwandelt, die über deinem Kronenchakra schwebt. Die mit denen Erzengel Zadkiels verschmolzenen Heilstrahlen des Kristalls scheinen vor himmlischer Energie nur so zu sprudeln. Mit jedem deiner Atemzüge wird sie intensiver. Auf die Trillionen von Molekülen in deinem Körper wirkt diese Strahlung wie ein Bad im Mondschein, das sie reinigt und alles Negative abtransportiert, das sie gespeichert hatten.

Setz dich der Kraft dieses Heilkristallmondes so lange aus, wie du möchtest. Erzengel Zadkiel wird es dich wissen lassen, wenn sich der Heilungsprozess seinem Ende nähert.

Stell dir dann vor, dass die Steinscheibe zur ursprünglichen Größe deines Selenits zurückfindet, und bedank dich bei Erzengel Zadkiel und dem Kristalldeva für die Liebe und Unterstützung, die sie dir so freundlich gewährt haben.

Hauptmeditation mit Herkimer-Diamant und Erzengel Metatron

Geschichte, Mythologie, Überlieferung

Das Wort Diamant leitet sich vom griechischen *adama* ab, das »unüberwindlich« bedeutet und auf die Härte des Kristalls hinweist. Diamant ist heute als Symbol für Reichtum bekannt und beliebt, findet aber weder in der Bibel noch in anderen alten Schriften Erwähnung. Da sein Abbau meist fragwürdig und oft mit Anhaftungen negativer Energien verbunden ist, verwenden wir für die Heilkristallarbeit lieber den wunderbaren Herkimer-Diamant (auch Herkimer-Quarz genannt), der »aus der Erde auftaucht« und oft nach starken Niederschlägen gefunden wird.
Sternzeichen: Stier

Heilende Wirkung auf den Körper

Der Herkimer-Diamant ist ein Stein der Reinigung und hilft, negative Strahlungen auszuleiten. Er unterstützt die Behandlung von Suchtkrankheiten und stärkt Gehirn, Nerven und Sinnesorgane. Auch zum Stressabbau ist der Herkimer-Diamant hervorragend geeignet.

Heilende Wirkung auf den Geist

Da der Diamant alle Farben des Regenbogens reflektiert, befördert er die gesamte energetische Vielfalt des Universums in unser Energiefeld. Er beflügelt unsere spirituelle Kraft, Wahrheit, den Glauben und das Gottvertrauen, indem er uns enger mit unserem höheren Selbst verbindet. Er eröffnet uns den Weg zu Hellsichtigkeit und Telepathie und erleichtert so die Kommunikation mit dem Reich des Lichts. Dieser Heilkristall hilft uns, unseren spirituellen Weg zu gehen und unsere Seelenmission zu erkennen.

Praktische Anwendung

Da wir in dieser Meditation mit dem achten Chakra, dem Seelenstern, arbeiten, liegt der Heilstein oberhalb des Kronenchakras.

Vorbereitung auf die Kristallmeditation

Strecke dich flach aus und platziere den Herkimer-Diamant aufrecht etwa 10 bis 15 Zentimeter oberhalb des Kronenchakras. Vergiss nicht, die Anweisungen zu Beginn dieses Kapitels zu befolgen.

Damit sich deine Schwingungen mit denen des Heilkristalls harmonisieren können, atmest du einige Male sanft durch die Nase ein und durch den Mund aus. Empfang mit jedem Atemzug das volle Spektrum der Liebe.

Bitte dann Erzengel Metatron, dich bei dieser Kristallheilung zu begleiten und dir zu helfen, beim Ausatmen alles, was nicht bedingungslose, reine Liebe ist, loszulassen. Mit seiner strahlenden himmlischen Energie tritt er sofort an deine Seite; du dankst ihm inniglich. Jetzt strahlt seine Kraft auch auf den Herkimer-Diamanten aus, der wie von einem himmlischen Feuer durchdrungen auflodert.

Mit einer Handbewegung fordert dich Erzengel Metatron auf, dich von deiner Unterlage zu erheben. Er geleitet dich in die sternenklare Nacht hinaus. Nach wenigen Schritten erkennst du eine Kristallbrücke aus Millionen von Herkimer-Diamanten, die sich über das ganze Firmament erstreckt. Sie glitzert und glimmert in den prächtigen Farben des Regenbogens. Erzengel Metatron nimmt dich bei der Hand und gemeinsam besteigt ihr die Regenbogenbrücke, die, wie er dir erklärt, dir allein gehört und deine Verbindung zu deinem heiligen höheren Selbst symbolisiert. Am anderen Ende der Kristallbrücke nimmst du ein wunderschönes Lichtwesen wahr, von dem der Erzengel sagt, es sei dein eigenes heiliges Selbst.

Dein Herz schlägt höher; du kannst es kaum mehr erwarten, dich mit deinem höheren Selbst zu verbinden. Das Lichtwesen ist nichts anderes als eine vollkommen erleuchtete Version deines Erden-Selbst, die die wunderbare Energie der bedingungslosen Liebe ausstrahlt. Dein heiliges Selbst breitet seine Arme weit aus; du umarmst es mit der ganzen Liebe, die du aufbringen kannst.

Sobald du dich aus der Umarmung löst, fühlst du dich anders: leichter, befreiter, lichtvoller und fröhlicher. In der Tiefe deines Herzens weißt du, dass du eine wunderbare, beständige Verbindung mit deinem heiligen Selbst hergestellt hast. Dann verabschiedest du dich und versprichst, so oft wie möglich wiederzukommen.

Erzengel Metatron begleitet dich zur irdischen Seite der Regenbogenbrücke und von dort in deinen Meditationsraum zurück, wo er dich sanft auf dein Lager bettet und dich innig umarmt. Für diesen wunderbaren Lichtprozess bedankst du dich herzlich bei ihm und den Kristalldevas des Herkimer-Diamanten.

Abschluss und Schutzmeditation mit Amethyst und Erzengel Zadkiel

Geschichte, Mythologie, Überlieferung

Im Altertum wurde Amethyst in pulverisierter Form, meist gemischt mit anderen Kristallen, als Heilmittel eingesetzt. Der Überlieferung nach wurde er zur Zügelung der Lust und angeblich auch gegen Alkoholsucht verschrieben.
Sternzeichen: Fisch

Heilende Wirkung auf den Körper

Amethyst, wohl einer der bekanntesten Kristalle überhaupt, weist starke Heilwirkungen auf den ganzen Körper auf. Er hilft bei der Reinigung der Organe und des Blutes und unterstützt so auch das Immunsystem. Seine heilenden Strahlen unterstützen die Darmflora und tun dem gesamten Verdauungsapparat gut. In seiner helleren Variante empfiehlt sich der Stein bei Problemen mit der Atmung und hilft bei Schlafstörungen.

Heilende Wirkung auf den Geist

Amethyst fördert innere Ruhe und Friedfertigkeit. Daher kann er eine Vielzahl emotionaler Blockaden aufzulösen helfen, steht uns aber auch nach Trennungen bei und schenkt Trost in Zeiten der Trauer. Mental verhilft uns die Heilkraft des Amethysts zu Konzentration und Zielorientierung. Auf der spirituellen Ebene schützt der Amethyst vor geistigen Angriffen und verwandelt negative feinstoffliche Energien in Licht und Liebe zurück. Er ist ein wunderbarer Meditationsstein, der unseren Geist für das Reich der Engel und Lichtwesen öffnet.

Praktische Anwendung

Platzierung in der Nähe des Kronenchakras oder Auflegung auf das Dritte Auge.

Vorbereitung auf die Kristallmeditation

Nimm eine bequeme Position ein und leg den Heilkristall mindestens fünf Zentimeter oberhalb des Kronenchakras auf den Boden. Falls der Stein ein Spitze hat, legst du sie bitte so hin, dass die Spitze nach oben, von deinem Kronenchakra weg, zeigt. Vergiss nicht, die Hinweise vom Anfang dieses Kapitels zu beherzigen.

Richte deine innere Aufmerksamkeit auf den Amethyst oberhalb deines Kronenchakras. Atme sanft durch die Nase ein und durch den Mund aus und öffne dich bewusst für die strahlende Liebe und das Licht Gottes, der Erzengel, Aufgestiegenen Meister und aller Lichtwesen des Universums. Sanft einatmen ... ausatmen ... Konzentriere dich eine Weile auf diese heilige Atmung.

Dann nimmst du die violette himmlische Energie Erzengel Zadkiels in deiner Aura wahr und bittest ihn, dir bei dieser Schutzmeditation zur Seite zu stehen, was er sogleich zusagt. Seine prächtige Energie verschmilzt mit der des Amethysts, welcher daraufhin seine Energiefrequenz erhöht und wundervoll schimmert. Mit jedem Atemzug integrierst du mehr dieser himmlischen Energien in deine feinstofflichen Körper und auch in deinen Erdkörper und spürst, wie sich uralte emotionale, mentale und physische Blockaden in nichts auflösen. Für diese wundersame Heilung bist du zutiefst dankbar. Dein Energiefeld wird von Minute zu Minute heller, leichter: Du bist frohen Mutes. Eine Welle inneren Friedens breitet sich in dir aus.

Mit deinem inneren Auge beobachtest du, wie Erzengel Zadkiel den Amethyst oberhalb deines Kronenchakras sanft berührt. Daraufhin verändert dieser seine Form und wird zu einer brillant geschliffenen, lichtdurchlässigen Pyramide. Sie erweitert sich um deine Aura herum, bis sie dich völlig einschließt und dir wunderbaren Schutz vor negativen Strahlungen gewährt. Diese Schutzpyramide ist ein liebevolles Geschenk Erzengel Zadkiels, das du hegen und pflegen solltest, indem du die Kristallpyramide so oft wie möglich verwendest, denn das bereitet dem Erzengel die allergrößte Freude. Zum Abschluss bedankst du dich herzlich bei Erzengel Zadkiel und dem Kristalldeva für all die Liebe und Aufmerksamkeit, die sie dir haben zukommen lassen.

Zur Ermutigung

Nun sind wir am Ende unserer spirituellen Reise durch das Reich der Engel und das Reich der Kristalle angelangt und der Heilkreis hat sich geschlossen. Sowohl die Erzengel als auch die Kristalldevas und Elementarwesen haben einige ihrer Geheimnisse preisgegeben, doch sind noch viele weitere Heilschätze ganz in deiner Nähe.

Setz dich auf deiner Reise zum Licht deines Selbst nicht unter Druck. Die feinstofflichen Energien der Meditationen und Kristallbehandlungen brauchen Zeit, um sich in der grobstofflichen Materie deines Körpers manifestieren und auch mental und emotional zum Ausdruck bringen zu können. Bitte erinnere dich: Alle physischen Probleme resultieren aus geistigen oder emotionalen Mustern, die meist sehr alt sind und die du möglicherweise sogar über mehrere Leben mitgeschleppt hast. Deine Heilung ist bereits in Gang gesetzt, auch wenn du es im Moment auf der physischen Ebene noch nicht spürst.

Selbstheilung setzt die Bereitschaft voraus, sich selbst zu erfahren, und verlangt den Mut, auch die Verantwortung für die Ursache seines Leidens zu übernehmen. Bitte die Erzengel, dass sie dir helfen, Courage und Gottvertrauen zu entwickeln, und übergib ihnen alle deine Zweifel. Die Heilkräfte der Erzengel und Kristalle werden von Gott in Verbindung mit unserem höheren Selbst immer zum Ursprung der Krankheit gelenkt, auch wenn wir uns dessen nicht bewusst sind. Daher ist es weise, den Zeitrahmen der Heilung Gott und den Engeln zu überlassen.

Körperliche Symptome brauchen oft etwas länger, um zu

»verschwinden«. Doch jede Kristallheilung mit den Erzengeln schenkt uns Licht und Liebe unermesslichen Ausmaßes. Die Verbindung mit unserem eigenen heiligen Selbst wird dadurch enorm gestärkt und gefestigt, und das kann unser Leben grundlegend verändern – zumindest bereichert sie es erheblich.

Die Engel und Erzengel sind unsere ständigen himmlischen Begleiter, unsere Botschafter und Heiler, sofern wir sie nur darum bitten. Und auch das strahlende Reich der Kristalle steht uns jederzeit offen. Beide Reiche verbinden sich mit und in der Kraft der reinen, bedingungslosen, alles verzeihenden Liebe, um uns auf unserem Weg zur Selbsterleuchtung zu dienen. Welch ein Privileg, welche göttliche Gnade, diese Liebesdienste mit einem dankbaren, offenen Geist und Herzen annehmen zu dürfen!

Dank

Ich bedanke mich von Herzen bei Gott, den Engeln, Lichtwesen und Aufgestiegenen Meistern, bei Mutter Erde und den Elementarwesen für all ihr Licht und ihre überirdische Liebe und bei meinen irdischen und himmlischen Lehrern für Liebe und Unterstützung auf meinem Lebensweg.

Herzlich bedanke ich mich auch bei meinen Studenten, Workshop- und Seminarteilnehmern sowie den Lesern dieses Buches, die dazu beitragen, dass noch mehr Licht und Liebe in diese Welt kommen.

Ein spezieller Dank geht an Annie b. für das großartige Engel-Cover.

Ein herzliches Dankeschön geht an meinen »Kristallengel« Jenny von EM-JEMS, die mich hier in England nun schon seit fast zwei Jahrzehnten liebevoll mit den wunderbarsten Kristallen versorgt, die sie mit großer Liebe und Sorgfalt aussucht, sowie an Erdenengel Petra und Team, Erdenengel Andrea und Team, Frau Inge von Talisman und alle anderen Erdenengel, die mich in Wien so liebevoll aufgenommen haben.

Ferner danke ich von Herzen Chris Baker, Mehmood Sabri, Upahar und Felix Maria Woschek, deren himmlische Musik mich während der Arbeit an diesem Buch beflügelt hat.

Ich danke meiner Familie und meinen Freunden von Herzen für ihre Liebe und Aufmerksamkeit.

Literatur

Seit fast zwanzig Jahren widme ich mich in Workshops und Seminaren der intuitiven Arbeit mit Heilkristallen. Zusätzliche Informationen verdanke ich den folgenden Büchern.

Bailey, Alice: Initiation. Menschliche und solare Einweihung, Lucis Verlag, 1996

Bailey, Alice: Esoterische Psychologie I, Lucis Press, 1991

Bailey, Alice: Esoterische Psychology II, Lucis Press, 1981

Burmester, Helen S.: The seven Rays made visual, DeVorss & Co., 1986

Prophet, Mark, und Elizabeth Clare: Pearls of Wisdom, Summit Beacon International, U.S, 1979

Kristallkunde

Hall, Judy: The Crystal Bible, Godsfield Press, 2003

Gienger, Michael: Heilsteine. 430 Steine von A bis Z, Neue Erde, 2003

Lilly, Simon: Crystal Healing, Element, 2002

Schumann, Walter: Edelsteine und Schmucksteine, BLV, 2002

Besonders hinweisen möchte ich noch auf die wunderbare »Fair Trade Minerals & Gems«-Initiative, die von Michael Gienger gegründet wurde: *www.fairtrademinerals.de*

Über die Autorin

Elisabeth Constantine

Die gebürtige Österreicherin beschäftigt sich bereits seit ihrer Jugend mit spirituellen und esoterischen Themen und studierte auf zahlreichen Reisen unterschiedlichste esoterische Traditionen der Welt. Ihre spirituelle Heimat fand sie in England, wo sie seit fast zwanzig Jahren als Heilerin, Spirituelle Lehrerin, Therapeutin (Psychologische Beratung, Hypno-Therapeutin, NLP-Therapeutin, Ernährungsberatung und Kristallheilerin), Reiki-Meisterin, Channel und Lichttrainerin tätig ist. Elisabeth Constantine ist erfolgreiche Autorin mehrerer Bücher und international erfahrene Seminarleiterin.

Der Fokus ihrer Arbeit ist, ihre Mitmenschen auf deren Reise zum Kern des heiligen, inneren Lichts zu begleiten. Sie sagt: »In Wirklichkeit sind wir alle EINS und nur die reine Kraft der bedingungslosen Liebe heilt die Welt.«

Sämtliche Informationen über die Arbeit der Autorin (Seminare, Workshops, Engel-Channeling-Einzelsitzungen, Bücher und CDs), über die Ausbildung für Heiler und Therapeuten, sowie einen kostenlosen monatlichen Newsletter findest du im Internet unter *www.elisabethconstantine.co.uk*

Das Cover dieses Buches wurde von **Annie b.** gemalt. Annie b. lebt in Cornwall, England. Mehr über ihre Engelbilder, Kunstpostkarten, spirituellen Porträts und internationalen Ausstellungstermine ist auf ihrer Webseite *www.annieb-art.co.uk* zu finden.